男がつらいよ

絶望の時代の希望の男性学

田中俊之
Toshiyuki Tanaka

はじめに

走るのをやめたとき見えてくるものがある

「まずは落ち着いてください」

この本で世の男たちに伝えたいことは、この一言に尽きるかもしれません。あなたが男性であれば、自分に言い聞かせてください、「よし落ち着こう」と。あなたが女性であれば、身近な男性に伝えてあげてください、「とりあえず落ち着こうよ」と。現代を生きる男性には、立ち止まる勇気が求められています。

多くの人が、漠然とした不安を抱えて生きています。それはいつの時代でも同じことです。しかし、近年、これまでとは違う何か異質なものを感じるのではないでしょうか？　2000年以降、「生きづらさ」あるいは「生き抜く」「生き延びる」といった言葉がタイトルに入った書籍が相次いで発売されています。これまでの時代と現代の決定的な違いは、将来の予測が難しくなったことです。

グローバル化のさらなる進展、広がる格差、ブラックな労働環境、そして複雑化する人間関係などなど、問題をあげていけばキリがありません。現代社会の特徴を流動化ではなく、液状化と表現した社会学者がいるぐらいです。社会がどうなっていくかはわかりませんが、先行きが不透明であることだけは間違いありません。このような状況に、人々は不安を抱き、とにかく安心するための具体的な材料を求めているようです。

様々な社会問題が山積する中で、本書で焦点を当てるのは、「男の生きづらさ」です。近年、にわかに注目されるようになったテーマです。

「男の真ん中でいたいじゃないか」。2007年にTOYOTA マークXのCMで使われたフレーズです。「部下を思うのも大切だ。だが、君はやさしすぎる」と忠告された佐藤浩市さんは、「俺は俺のやり方でいく」とつぶやき、マークXのハンドルをにぎりしめて橋を颯爽と駆け抜けていきます。部下にしっかり配慮しながらも、自分のこだわりは捨てない。実に頼りになる上司で、男性の理想像を表現しているように感じますね。

でも、この男性の姿を「男の真ん中」と言い切ることが可能でしょうか。端的にいえば、現代を生きる男性を悩ませているのは、「男の真ん中がどこにあるのかわからない問題」です。方向感覚を失っているとき、そのままやみくもに進み続けるのは誰がどう考えても危険です。ですから、いま男たちは立ち止まって、ひとまず落ち着くべきなのです。

男性が抱える不安の正体

大学時代、ほとんどの友人が就職活動をする中、私は大学院に進学するために受験勉強をしていました。無事に大学院には入学できましたが、そこから30歳近くまで学生生活を送ることになります。正直、とても不安でした。

学校を卒業後は、正社員として就職、結婚して、家族を養い、40年近く勤めあげて定年を迎える。こうした「普通の男性」としての生き方が、自分にはできていないと思ったからです。しかし、ふと周りを見回してみると、こうした悩みは学生を続けていた私だけのものではないことがわかりました。

バブル崩壊、リーマンショックを経て、男性の平均年収は大幅に下がっています。メーカーや建設業などの昔からの代表的な産業は衰退し、少なくない男性が職を失うことになりました。また、若い世代では不安定な働き方が問題になっています。これまで、男性の人生は、「卒業→就職→結婚→定年」という一本道を通っていくようなものでした。しかし、日本の現状では、この道を歩けること自体が一種のステータスになってしまっています。「普通」や「当たり前」と思っていた人生を実現できない。ここに多くの男性が「生きづらい」と感じる根本的な原因があります。

絶望の時代の希望の男性学

これからの時代を生きる男性に必要なのは、ライフプランの見直しです。急にそんなことをいわれても、どうしていいのかわかりません。そんな男性のみなさんの助けになる学問があります。それが男性学です。男性学は、男性が抱える問題や悩みを対象とする学問です。

男性学なんて聞いたことがないという方が多いかもしれません。日本では1980年代後半に議論がはじまりました。ですから、30年近い歴史があります。

男性学は女性学の影響を受けて成立しました。女性学は女性が抱える問題や悩みを対象にしています。例えば、女性の場合、結婚や出産をきっかけに仕事を続けるかどうか考えなければなりません。これは女性だからこそ抱えてしまう「女性問題」だといえます。

一方で、男性は結婚や子どもの誕生で、仕事を辞められないというプレッシャーを感じます。こちらは、男性が男性だからこそ抱えてしまう「男性問題」ということになります。日本では、男性と仕事の結びつきがあまりにも強いので、男性と仕事の関係は働きすぎや過労死といった多くの「男性問題」を生み出しています。

あまり知られていませんが、自殺者数は男女で大きな差があり、典型的な「男性問題」の一つです。さらに、結婚難やオタク差別といった「男性問題」も存在しています。私は男性学の視点からこうした領域について、大学院時代から10数年に渡って研究してきました。

この間、研究室に閉じこもっていたわけではありません。大学という職場環境から、多くの大人たちが疎遠になっている若者たちと身近に接してきました。同じ男でも世代によって価値観は大きく違います。

若い男の子たちの「○○離れ」を嘆いたり、「○○世代」とおもしろおかしく名づけたりしても、男性の変化は理解できません。世代間の価値観の違いについても、大学生に対する調査データなどを交えながら男性学の視点から解説したいと思います。

また、長年、男性を対象とした市民講座を担当してきました。10年前、こうした講座に参加するのは時間のある定年退職者ばかりでした。それが、ここ数年は30代から40代の男性が参加するようになっています。「生きづらさ」を実感している男性が、それだけ増えているということでしょう。

本書には、これまで大学の授業や市民講座を通じて培われてきた男性が生きやすくなるためのアイディアがふんだんに盛り込まれています。

これまでのやり方が通用しないからといって、嘆いてばかりいても仕方ありません。「昔はよかった」とつぶやいたところで、事態が好転するわけでもありません。男性学を通して、新しい男性の生き方を一緒に考えてみましょう。

帰ってきた寅さん

「わたくし、生まれも育ちも東京葛飾柴又です。姓は車、名は寅次郎、人呼んでフーテンの寅と発します」。映画『男はつらいよ』で、多くの人々の記憶に刻まれている寅さんの自己紹介です。1969年に第1作が公開されたこの映画は、1995年の『男はつらいよ―寅次郎紅の花』に至るまで、26年で48作が公開されました。日本映画史上に残る名作です。

ちなみにフーテンとは、定職に就かずブラブラしている人のことです。親が子どもに就いて欲しい職業の第1位に公務員が輝くような現代の日本では、『男はつらいよ』は「教育に悪影響を与える！」「子どもに見せてはいけない！」といったクレームさえ聞こえてきそうな勢いです。とりわけ成人男性であれば、新卒で正社員になれないだけで、「人生詰んだ」と表現される時代です。何だか社会に余裕がなくって嫌になりますね。

それはともかく、2014年、寅さんが帰ってきました。正確には「男はつらいよ」というフレーズが帰ってきました。2014年7月、NHKの『クローズアップ現代』では、「男はつらいよ2014　1000人〝心の声〟」が放送されました。第2章で詳細は見ていきますが、番組の冒頭で、男性の幸福度は女性よりも低いというデータが紹介されました。

同じ年の『AERA』9月1日号では、大特集「男がつらい」が組まれています。特集の冒頭には、「仕事も家事も育児も完璧なんて無理だよ！」と書かれています。記事の中身は価値観、生き方、家庭、夫婦、教育、子育て……。さすがに大特集と名を打っているだけあって内容も多岐にわたっています。現代を生きる男性が抱える悩みの複雑さがよくわかります。

さきほど、誰もが「卒業→就職→結婚→定年」という道を歩めるわけではなくなったと指摘しました。それにもかかわらず、男性に正社員以外の働き方が認められる気配はありません。男子学生はフリーターにだけにはなるまいと必死に就活をしますし、中高年の男性がスーパーでレジ打ちのパートをしていたら、「かわいそう」と同情されてしまいます。

さらに、正社員として働くだけでは十分ではありません。イクメンという言葉が流行していますが、イクメンには正社員として働きながら、家事や育児をこなすことが期待されています。現実の姿とかけ離れた理想の男性イメージが作られてしまっていることが、男性の「生きづらさ」に拍車をかけているわけです。

違いがわかる男は黙ってビールを飲みますか？

私が生まれたのは1975年、サラリーマンと専業主婦という組み合わせが多く、まだ共働き世代が少なかった時代です。いまの少子化が嘘のように、当時の日本にはまだまだたくさんの子どもがいました。

その5年前の1970年、「男は黙ってサッポロビール」といういまでもよく知られるキャッチコピーが使用されたCMがお茶の間に流れています。CMに登場する三船敏郎さんは、一言もしゃべりません。ビールを開け、グラスに注ぎ、一気に飲み干します。

居間でこんなお父さんがビールを飲んでいたら、ちょっと寛げそうにありません。いくら子どもが、「友だちはみんな持っているんだよ」とおねだりしたところで、3DSも妖怪ウォッチも絶対に買ってくれないでしょう。

男を強烈に感じるCMですが、ちょっと古さを感じます。いまでは週末の公園には、子どもと一緒に遊ぶ「やさしい」パパが大勢います。

私は中学校1年生まで「昭和」を生きましたが、すでにこうした頑固親父をリアルに見かけることはありませんでした。せいぜい再放送の『巨人の星』に登場する星一徹にその面影を見るぐらいで、頑固親父の存在はあくまでフィクションといった印象です。

実は、「男は黙ってサッポロビール」の前から使用されているのに、いまでも現役のキャッチフレーズがあります。「違いがわかる男のゴールドブレンド」です。初代は映画監督の松山善三さんでした。最近では2010年に、大沢たかおさんが「違いがわかる男」としてCMに登場しています。

なぜ、「違いがわかる男」にはここまで根強い支持があるのでしょうか。一言でいえば、卓越性です。人よりも優れた感性を持っていることが、いまも昔も男性には求められています。だから、「黙ってビールを飲む男」は滅びても、「違いがわかる男」は生き残ったわけです。

24時間は戦えませんし、戦う必要もありません

1989年には、栄養ドリンクリゲインのCMで、「24時間戦えますか」ということれも今でも有名なキャッチコピーが使用されています。時任三郎さんが世界を駆け回るビジネスマンを演じました。

人間は眠らなければ生きていけません。「24時間戦えますか」という質問に対する答えは、もちろん「戦えません」の一択です。当時はバブルでしたが、そんなこともわからないほど人々がふぬけていたわけではないでしょう。ただし、そういった冗談をいえるぐらいお金と気持ちに余裕があったことはわかります。

それから25年がたち、2014年にリゲインブランドでエナジードリンクが発売されました。オジサン臭い印象の栄養ドリンクは時代遅れとなり、現在はレッドブルに代表されるエナジードリンクが人気を集めています。

CMでは、「24時間戦うのはしんどい」とかつてのメッセージを自ら否定し、軽いノリで「3、4時間戦えますか」と訊ねてきます。サラリーマンは最低でも1日8時間は働くはずですから、「3、4時間」とは脅威の短さではありませんか。

そして、最後に画面いっぱいに広がるのは「どかーん」という平仮名です。言葉の意味はよくわかりませんが、肩の力が抜けていることだけは確かです。

エナジードリンクの代名詞であるレッドブルは、バーやクラブなどではジンやウォッカで割り、カクテルとして提供されていたりもします。何だかオシャレですよね。栄養ドリンクの効果が「気合の注入」だとすれば、エナジードリンクの目的は「テンションを上げる」ことです。両者のノリはだいぶ違います。

サラリーマンが栄養ドリンクを飲み、歯を食いしばりながら昼夜を問わず働く姿は、スマートではありません。男性のみなさん、戦いは終わりました。繰り返します、戦いは終わったのです。「ファイト！　一発！」とさけびながら絶壁に立ち向かう必要はもうありません。絶壁は迂回すればいいじゃないですか。

転換点としてのSMAP

現在でも男性に対する期待のベースには、「人よりも優れていること」があります。でも、寡黙な頑固親父の時代からすると、男性のイメージは表面的にはリニューアルといってもいいぐらいの変化がありました。具体的には何がどう変わったのでしょうか。

この転換をわかりやすく体現しているのが、1991年にデビューしたSMAPです。説明するまでもなく、SMAPはまさに国民的なスターです。デビューから20年以上たっても人気はまったく衰えません。

なぜSMAPは愛され続けているのでしょうか。その魅力を一言で語ることは不可能です。人気バラエティー番組『SMAP×SMAP』の構成からSMAPの人気の秘密を探ってみます。

1996年に放送された『SMAP×SMAP』第1回は次のような内容でした。番組の冒頭と最後にメンバー6人でのトーク、『古畑任三郎』のパロディーコント、涙を流す速さを競う「涙のスマップ1、2、3」、ビストロスマップ、そして、中森明菜カラオケメドレーです。

ＳＭＡＰの魅力の一つは明らかに「おもしろさ」です。お笑い番組にゲストとして呼ばれてコントを演じるアイドルは少なくありません。でも、ＳＭＡＰは彼らだけで十分におもしろいコントを成立させることができます。

さらにＳＭＡＰの魅力の一つとして、ビストロスマップで披露される「料理の腕前」があげられます。ちなみに、ビストロスマップ初回のメニューは昔風カレーでしたが、ジャガイモの皮をむくことさえ覚束ないメンバーもいて、ゲストの大原麗子さんに作り方を教えてもらう場面もあったそうです。いまでは想像できません。

完璧に見えるＳＭＡＰですが、番組を通して成長していった側面もあるようです。そして、何でも高いレベルでこなせる万能型のアイドルグループが完成しました。

ＳＭＡＰの魅力をまとめると、「カッコよくて、歌えて、踊れて、料理ができて、やさしくて、しかも、おもしろい」ということになります。１９９９年デビューの嵐が、ＳＭＡＰの系譜を継ぐ正統な後継者といった構図です。

いずれにしても一般男性には、ずいぶんときびしい事態になってしまいました。当然ですが、私たちはＳＭＡＰでもなければ、嵐でもありません。わずかな数の恵まれた男性は、カッコよく生まれてくるかもしれませんが、それでもまだまだ十分ではないのです。実に恐ろしいことだと思います。

男たちよ！ 自分に向き合うときがきた

理想の男性イメージと現実の男性とのギャップは、かつてなく広がっているようです。なぜこんなことになってしまったのかと犯人捜しもできますが、男女についての議論は水掛け論になることが多く、あまり有意義ではありません。

それよりも、男性が自分の問題に向き合い、見栄っ張りを辞めて、凝り固まった生き方をほぐしていく方がよほど建設的です。社会のあり方や他人の考えを変えるのは難しいですが、自分の価値観や行動は自らの意志で修正できるはずです。やれることからやっていこうというのが、この本の考え方になります。

はじめに、男性たちが、どのような問題や悩みを抱えているのかをザックリと見ていきます。「一般化できるのか」などとツッコんでいる場合ではありません。そうした理屈っぽい態度こそが「問題」だという話をこれからしようとしているのです。

もちろん「男はこうだ」と決めつけをしたいわけではありません。「男にはこういう傾向があるから当てはまるものがあったら気をつけましょう」という話をしたいだけです。

第2章からは、仕事、家庭、趣味といった具体的な場面に焦点を当てていきます。日本の男性はとかく仕事にばかり力を注ぎがちです。本書を読み進めていく中で、家庭や趣味にも目配りをして、仕事だけに向かっていた視野を徐々に広げていってもらえればと思います。

いま、私たち男性は、生き方が描かれた地図を失った状態に置かれています。不安にならないはずがありません。しかし、ようやく自由に生きる機会に恵まれたと考えることもできるはずです。新しい一歩を共に刻んでいきませんか。

目次

男がつらいよ

はじめに

第1章　男性はなぜ問題を抱えてしまうのか

第2章　仕事がつらい

第3章 結婚がつらい

第4章　価値観の違いがつらい

第1章

男性はなぜ問題を抱えてしまうのか

競争を宿命づけられて

みなさんは子どもの頃、どのような夢を持っていましたか。ランドセル素材の生産で有名なクラレの調査によると、２０１４年・新1年生男子の将来就きたい職業第1位は「スポーツ選手」（22・6％）でした。一方、女子の第1位は「パン・ケーキ屋・お菓子屋」（29・0％）です。今も昔も子どもの夢は変わりませんね。

他にも男子では、パイロットや医師のような「社会的地位の高い」職業が根強い人気を誇り、女子は保育士や看護師といった「人のお世話」をする仕事が上位にランクインしています。注目したいのが、男子の4位「TV・アニメのキャラクター」です。「仮面ライダーになれたらいいね」といいながら、微笑む大人たちの姿が見えるようです。小学校1年生という非常に幼い段階で、これだけ明白に男女でなりたい職業が分かれています。実に興味深いことです。

男子には他人と「競争」して勝利することが期待されています。そのため、「社会的地位の高い」職業に憧れを「持たされる」わけです。それに対して、女子は周囲の人と仲良く「協調」することが求められます。「人のお世話」をする仕事が、女子である自分には向いていると「思わされる」のです。こうした期待の違いが、将来就きたい職業の結果に反映されていると考えられます。

　ところで、この調査では親が子どもに就かせたい職業についても質問をしています。女子の第1位は看護師ですから、子どもの夢と親の期待に大きなズレはありません。しかし、男子は違います。男子の第1位は公務員です。親は小学校1年生の息子に、実は安定した「大人としての勝利」を求めているといえます。

「TV・アニメのキャラクター」はどこに行ったのでしょうか？　仮面ライダーになりたいと息子が語った時に見せた、あの微笑みは嘘だったのです。就職活動の時期になって親子で話し合いの場を持つとします。息子が、「やっぱり俺、子どもの頃からの夢だった仮面ライダーになりてぇ！」などといえば、親は間違いなく絶句するはずです。スポーツ選手でさえ、将来の不透明さから反対する親は少なくないと思います。

　男性は幼い頃に、「大きな夢」を抱くべきだと教わり、野望を持つように育てられます。「競争」こそが、男たちが生きる上での基本的な原理だからです。しかし、あらゆる競争で勝ち続けることなどできません。そもそも安定した「大人としての勝利」が最終的に男性には期待されているわけですから、「大きな夢」は近い将来に捨てなければなりません。戦いにやぶれ、夢もなくなった時、男たちには何が残されているのでしょう。

競争の果てに残ったもの

男性に残されたもの、それは「見栄」です。小さい頃から競争してきた結果、見栄っ張りの性格が、男たちの心の奥底に根づいてしまいました。よく男性は「プライド」が高いといわれますが、それは間違いです。見栄とプライドをしっかり区別する必要があります。

プライドとは、何かを成し遂げた時、人がその成果に誇りを持つことで生まれる感情です。試行錯誤が必要ですし、切磋琢磨しなければなりません。要するに努力が前提となってプライドは成立しています。そして、他人との比較ではなく、あくまで自分がどれだけ納得できたかが、プライドを形成していく上では重要になります。

仕事、勉強、スポーツ、あるいは趣味でもいいでしょう。性別を問わず、生きていく上で、自分を内側から支えてくれるプライドは大切です。自分なりのプライドを育んでいきたいものです。

それに対して、見栄とは、人の目を過剰に気にして、うわべだけ取り繕おうとする態度のことです。見栄の特徴は、いつまでたっても他人との比較から抜け出せない点にあります。しかも、競争に勝ちたいわけですから、見栄っぱりの男性は、他人を見下した態度を取るようになります。蔑《さげす》みが止まりません。

「あいつは仕事ができない（俺は仕事ができる）」「あいつはチビだ（俺は背が高い）」「あいつはハゲている（俺はフサフサだ）」などが典型です。「マスゴミはバカばかり。俺だけが真実を知っている」などというひどい勘違いも、インターネット界隈では見かけることがあります。

こうした男性の態度は、まず蔑まれる側にとって、とてつもなく迷惑です。男性が見栄を張るために、犠牲にならなければならない理由はどこにもありません。また、他人を蔑む自分自身にとっても、いいことはありません。常に勝ち続けることなど不可能です。すぐに自分が蔑まれる番が回ってきます。「仕事ができ、背が高く、髪の毛がフサフサで、情報収集能力がマスコミよりも優れている男性」などこの世に存在しないのです。

意地の張り合いが生み出す悲喜劇

男性の見栄の不毛さを、ご理解いただけたかと思います。残念ながら、こうした男性の抱える問題が正面から議論されることはほとんどありません。ですから、多くの男性は自分の難点に気がつかないまま生活をしています。

見栄に囚われている男性同士が、ふとしたきっかけで遭遇すると、お互いに意地を張り合い、そこで悲劇が起こります。電車内や駅の構内で、やれ肩がぶつかった、やれ足を踏まれたとトラブルになっている男性を見かけることがあります。

「ごめんなさい」「いえこちらこそ」と声をかけあえば何も問題はなかったはずです。「舐められてはいけない」「先に謝ったらこちらの負けになってしまう」とお互いが譲らなかったために、トラブルに発展してしまうのです。

先日、大学へ向かうために通勤電車に乗っていると、サラリーマンと男子高校生の二人組が喧嘩をしていました。どうも高校生の声のボリュームが大きかったようで、それを注意されたようです。

「おまえはサラリーマンなんだから働けよ！」

「おまえたちは学生なんだから勉強しろよ！」

エールの交換でしょうか。だとすれば、朝から実に気持ちがいいですね。本人たちは真剣に罵倒しあっているつもりのようですが、その内容は実に滑稽なものでした。喧嘩をしたところで、朝からイライラしますし、恥をかくだけです。慣れないことは、止めておく方がいいでしょう。

つまらない意地の張り合いが、暴力にまで発展すれば笑いごとでは済まされません。それはすでに喜劇ではなく悲劇です。事態は自分たちだけの問題ではなくなってしまいます。

車内トラブルで電車を遅延させてしまったら、膨大な数の人に迷惑をかけることになるのです。ちょっと頭にくる出来事があっても、男性たちには、冷静な判断に基づいて行動して欲しいと思います。

目があったら微笑みかけよう運動

喧嘩というほど大げさなものではありませんが、電車内では今でも男性同士の戦いが繰り広げられています。ガンの飛ばし合いです。若い方たちはご存知ないかもしれませんが、男同士でにらみ合って先に視線を外した方が負けというよくわからない争いがあるのです。

1949年に出版された三島由紀夫の『仮面の告白』にも、次のような描写があります。

幼少時代の病弱と溺愛のおかげで人の顔をまともに見上げることも憚られる子供になっていた私は、そのころから、「強くならねばならぬ」という一つの格率に憑かれだしていた。そのための訓練を、私はゆきかえりの電車のなかで、誰彼の見境なく乗客の顔を睨みつけることに見いだした。——中略——顔をそむけられると、私は勝ったと思った。

ガンの飛ばし合いはヤンキーの専売特許かと思いきや、意外にも歴史があり、根が深いもののようです。このくだらない歴史に終止符を打つべく私が考案しましたのが、「目があったら微笑みかけよう運動」です。

「目があったら微笑みかけよう運動」とは、電車内などでガンを飛ばされたら、飛ばしてきた相手に微笑みかけることを推奨する運動です。必ず男性同士でやることがポイントです。男性は相手が自分のことを好きなのではないかと勘違いする沸点が異常に低いので、誤って女性がやると軽くストーキングされる恐れがあります。ご注意ください。

さて、男性のみなさん、やり方は実に簡単です。突然、相手がにらんできました。まずは気持ちを落ち着けて、一呼吸置きましょう。そして、微笑みかけます。たったこれだけです。

するとどうでしょう。ガンを飛ばしてきていた相手は「うわっ、気持ち悪い……」となりますから、ほぼ100％の確率で自ら目線を外してきます。目があった全ての男性同士が微笑みあうようになれば、今より平和で生きやすい社会が実現しそうな気がします。

攻撃的な男性は弱さを抱えている

電車内は、男性のつまらない見栄や意地の張り合いの宝庫です。電車の席で、必要以上に足を広げて座っている男性を見かけることがあります。二人分のスペースを使っている男性がいるたびに、「チャックが全開だったらおもしろいのにな」と個人的には思っています。

それはともかく、他人の分まで座席を占有している男性は、得意げな顔をしています。怖そうな風貌や腕力に自信があるのでしょう。彼らにとっては混んだ車内でも、誰も隣に座る人がいないことが誇らしいのです。他の乗客からすればイライラする光景です。しかし、考えてもみてください。今の生活に十分に満足している男性が、このような暴挙に出るとは思えません。

自分の社会での立場や日常生活に不満があり、なおかつそれを発散できる場所がないために、彼らは座席を二人分占有するという行為で何とか見栄を張りたいと頑張っているのです。涙ぐましい努力ではありませんか。

こうした男性は、自分よりも弱そうな男性が隣に座ろうとすると威嚇してきます。「なんだコラ！」と口に出してはいいませんが、だいたいそのような表情をします。しかし、自分よりも明らかに強そうな男性が同じことをした場合には、おとなしく席をつめるのです。

この件にかぎらず、攻撃的な言動を取る男性のほとんどは、誰にでもそうした態度を取るわけではありません。不満を解消するために最も安易な方法である暴力を選択し、さらに、彼らは勝てる相手を選んでいるのです。

とはいえ、社会的地位が高いにもかかわらず、高圧的な態度で人を威嚇する男性がいます。自分に不利な質問には全く答えずに、恫喝して記者を黙らせる政治家などはその典型でしょう。直属の上司がこうしたタイプだと、部下は本当に迷惑です。何しろ聴く耳を持っていないのですから。

社会的な地位を確保しているわけですから、こうした男性が仕事上の立場に不満を持っているとは思えません。彼らが余裕を持って周囲の人と接することができないのは、実は自分の言動に自信がなく、内面に弱さを抱えているからなのです。

みなさんも同じだと思いますが、試行錯誤の末に自分の仕事に達成感を持てた時、周囲の評価がどのようなものであったとしても、自己評価は変わりません。かえって他人の意見を取り入れるゆとりも出てくるのではないでしょうか。

逆に、自分の仕事に自信が持てない時ほど、周囲の評価が気になり、他人から意見をいわれると反論したくなるものです。対話に応じてしまうと、自分の言動への自信の無さが露呈してしまいます。だから、自分の地位を利用して、威圧的な態度で相手を黙らせるしかないのです。

さらにいえば、攻撃的な男性ほど、自分の内側を見られるのを過度に恐れています。一定以上、相手との距離を取らなければ、上手く「自信満々の男」としての自分を保てないのでしょう。内側に弱さを抱えているからこそ、こうしたタイプの男性は威圧的な態度に出るわけです。

男は強くなくてはいけない病

攻撃的な男性が孤立したとしても、それは自業自得です。仕方なく助ける場合でも、威圧的な態度で聴く耳を持たないというわかりやすい症状があるので、誰がこうしたタイプの男性なのかは容易に見抜けます。周囲が気にしてあげる必要があるのは、生真面目なタイプの男性です。

臨床心理士のテレンス・リアルは、「男のうつ病の皮肉なところは、うつ病をもたらす原因と同じ要素が、病気を直視させないようにしている」と主張しています。これだけではちょっとわかりにくいので、具体的に説明していきましょう。

生真面目な男性は、「男らしくしなければならない」というプレッシャーを感じやすく、知らず知らずのうちに自分を追い込んでしまいます。例えば、悩みや問題を抱えていたとしても、生真面目な男性は次のように考えてしまうのです。

「男は強くなくてはいけない」「男ならば困難に立ち向かうべきだ」「男なら壁にぶつかっても、一人で乗り越える必要がある」。そして、誠実であるがために、「男らしく」しようと努めていますから、周囲に心配をかけまいと自分ひとりで悩み続けるのです。

家族も同僚も、こうしたタイプの男性が追い詰められていても、気がつくことができません。生真面目な男性は、どのような状況でも、普段通りに行動しようと努めているからです。

「男らしくしなければならない」というプレッシャーが心理的な負担になると同時に、彼らが追い込まれている事態を隠しているという複雑な状況があるのです。そして、あまりにも精神的に困難な状況が続けば、うつ病になる危険性があるとテレンス・リアルは警告しています。

仕事の悩みにせよ、家庭の問題にせよ、誰にも打ち明けず解決できるはずはありません。仕事は組織で動くものですし、家庭だって家族みんなで作り上げていくものノです。一人で抱え込むことは、自分にとってもまわりの人にとってもいい結果を招きません。

もちろん、何かを成し遂げるためには、簡単に諦めないことが重要です。困難に打ち勝つための努力や根性は、性別を問わず貴《とうと》いものだといえます。しかし、努力や根性では乗り切れないものまで、「男だから」という理由で抱え込む必要はないのです。

なぜ男性は弱音を吐けないのか？

「男は涙を見せぬもの」。確かにそうした価値観が、かつての日本に存在していました。しかし、「男は黙ってサッポロビール」の時代から、男性像は大きく変化しています。ＳＭＡＰの特徴は、「カッコよくて、歌えて、踊れて、料理ができて、やさしくて、しかも、おもしろい」でした。

今の時代、男性が喜怒哀楽の感情を表に出すことは、それほど恥ずかしいことではありません。そもそも、私たちはそれなりの頻度で、「男の涙」を見かけます。高校球児は勝っても負けても泣いています。号泣しています。

ある時、歩道にたたずんで涙ぐんでいる30代ぐらいの男性を見かけたことがありました。スーツ姿でしたから、「男が泣いてもいい」と普段から主張している男性学が専門の私でさえ、どうしたのだろうとちょっと心配になりました。

しばらくすると道路に停めてあった車から、小さな赤ちゃんを抱えた女性が降りてきました。退院してはじめて自宅に赤ちゃんがやってくる日だったのでしょう。お父さんは「感動」して道端で涙を流していたというわけです。

ちょっといい話だと思いませんか。スポーツで流す涙、家族を思って流す涙、男性であっても、こうした涙は許されています。むしろ、好感度が上がるといってもいいでしょう。

その一方で、許されない涙があります。「注射が痛い」「仕事がつらい」「妻が怖い」などなど、要するに男性が「へこたれて」流す涙は認められていません。これは単なる男性の見栄の問題ではありません。社会全体が「情けない」理由で流す涙を許していないのです。

男性が弱音を吐けない理由は、もう1つあります。こちらは男性個人の問題です。ある意味で「合理的」な物の考え方が、男性が弱音を素直に打ち明けることを阻んでいます。

「嫌な上司がいる」と人に相談しても、明日からその上司がいなくなるわけではありません。「妻がお小遣いを2万円しかくれない」と同僚に嘆いたところで、来月のお小遣いは同額です。

悩みの原因が取り除かれない以上、相談には意味がないと多くの男性は「合理的」に考えます。しかし、実際に自分の殻を破って相談してみればわかることですが、悩みを人に打ち明けると、思った以上に気分がスッキリします。

人が自分を心配し、悩みに共感してくれることの効果を、男性たちは学ばなければなりません。弱音を吐くだけで気分が楽になるのですから、一人で抱え込むよりもよほど「合理的」です。

女性の言う「すごい」に隠された意味

ところで、女性のみなさんは、男性から謎の自慢話をされた経験があるのではないでしょうか。大学生なら、「昨日、寝てないわぁ」や「朝からガムしか食ってねぇ」などです。中高年の男性は、残業や連勤、さらには不健康までも自慢をすると聞いています。本当に意味がわかりません。

そうした時に、何となく女性がいってしまいがちなのが、「すごい」という言葉です。女性は周囲と「協調」するように育てられてきたので、「すごい」といえば場が丸く収まると考えます。ですから、女性は男性のくだらない自慢話のターゲットになってしまいがちです。

私は大学でジェンダー論を教える立場ですから、講義で学生に、「女性が男性を無意味に持ち上げてしまうから、いつまでたっても男女平等が実現しない面がある」と伝えました。すると、その日のコメントペーパーには、次のような鋭い指摘が書かれていたのです。

「先生は男性に『すごい』といってはダメだとおっしゃいますが、女性がいうすごいは、あくまで『バカだね』が省略されたものです。私たち女性は男性に、『すごい（バカだね）』と伝えているのです」

コメントを読んで、目が覚めるような思いがしました。女性に「すごい」といわれ、男性はいい気分になっていますが、バカにされていただけだったのです。実に哀れです。

私はお酒が飲めませんし、初対面の人が苦手ですから、男性がキャバクラのような場所へ行く意味がわかりませんでした。しかし、この女子学生の指摘をふまえれば理由はわかります。男性はお金を払ってでも、自分の「自慢話」に耳を傾けてくれ、その上、「すごい」といってくれる女性を求めているのです。

「寝てないオレ」はすごい

男性が「男らしさ」を発揮するための方法は2つあります。1つは「達成」です。仕事で成功する、お金持ちになる、スポーツで業績をあげる、あるいは学問で大成するなど、その社会で男として価値のある事柄の「競争」を勝ち抜き、「達成」した時に、男性は自らの「男らしさ」を証明できます。

しかし、これは誰にでもできる方法ではありません。「達成」によって「男らしさ」を証明できるのは、ごく少数の男性にかぎられます。そこで「達成」ができなかった多くの男性は、コンプレックスを隠そうと「逸脱」によって「男らしさ」を示そうとするのです。

健康のためには朝ごはんを食べるべきですし、十分な睡眠時間の確保は生命の維持にとって重要です。「寝てない」「朝ごはんを食べてない」という男性は、ルールを「逸脱」しているオレは「男らしい」と周囲にアピールしているのです。そこかしこで耳にする男性のくだらない自慢話は、「逸脱」による「男らしさ」の証明というわけです。「寝てない」自慢であれば、本人が健康を損ねるだけですから、相手にしなければそれで済みます。問題なのは、周囲に迷惑をかけるような「逸脱」によって、「男らしさ」を証明しようとする場合です。

２０１３年の夏に話題となったＴｗｉｔｔｅｒの炎上騒動、通称バカッターが、「ルールを破れるオレはすごい」の典型例でしょう。コンビニのアイスケースはアイスを冷やすためのケースなので、人が中に入って寝転ぶべきではありません。宅配ピザ店のピザ生地は上に具をのせてこんがりと焼き、お客様に配達するものですから、顔に貼って遊んではいけません。

炎上騒動の当事者に何人かの女性が含まれていましたが、そのほとんどは男性でした。彼らが間抜けだったのは、Ｔｗｉｔｔｅｒに自らの愚行を投稿したことです。ツイートした目的は、リツイートやお気に入りが欲しかったからでしょう。自分の「逸脱」行動の「すごさ」に対して同意を求めていたのだと考えられます。

私たちが取るべき対策は、「逸脱」による「男らしさ」の証明が、無価値なだけではなく、迷惑だとはっきりと知らせることです。「すごいね」の後ろに隠された「バカだね」を省略せずに、「すごいバカだね」とはっきりいってあげるのは有効な手段だと思います。

自分は優れた人間であるという勘違い

逸脱行為を自慢するのではなく、他人を見下し、批判することで、自分の能力の高さが証明できると考えているタイプの男性もいます。こうした男性は何も「達成」していないのに、何かを「達成」したと勘違いしているのです。

大学院生時代の私が、このタイプでした。たいした論文を書けないくせに、著名な先生が執筆した文章を批判し、自分が相手を上回ったような気がしていたのです。しかも、自分の実力はこんなものではない、いい論文が書けないのはスランプだからだと思い込んでいました。

ある時、文章の書き方についての本を読んでいると、「批評することと、実際にそのレベルの文章が書けることとはまったく違う」という言葉が目に入ってきました。そこでやっと気がつきました。私はスランプなのではなく、単に論文を書く実力がなかっただけなのです。

インターネットが普及し、誰もが自分の意見を表明することができるようになりました。多くの人が、情報発信の主役になれるのは素晴らしいことです。ただ、映画や本のレビューで、自分の趣味にあわないという理由で作品を否定し、いい気になっている文章が散見される現状は非常に残念です。

若い時には、誰でも斜《しゃ》に構えてみたくなります。テレビ番組に登場するコメンテーターは、様々な社会現象をバッサバッサ切っていきます。その姿に憧れることもあるでしょう。理解しておく必要があるのは、まっとうな批評家は卓越した知識を背景にして、他人とは違う視点を持っているということです。

本を読まず、ニュースも見ないで、そのふるまいだけをマネしていい気になってもらっては困ります。何を見ても「たいしたことない」と、むやみに否定する癖がついている男性がいます。そうした人は、まず、他人の「達成」をきちんと認める姿勢を身につける方がいいでしょう。

プロスポーツ選手がホームランを打ったり、ゴールを決めたりした際、その選手がドヤ顔をしたと批判する人がいます。厳しいスポーツの世界で結果を出し、「どうだ」

という表情をしたとして、それの何が問題なのでしょうか。他人の「達成」を素直に認められるようになる必要があります。

さらに忘れないで欲しいのが、人を見下して自分が上に立ったつもりでも、自分の実力は何も変わっていないという事実です。自らの力を正確に把握する冷静さと謙虚さが求められます。自分の思う通りに物事が進んでいないとしても、あなたは今スランプなのではありません。運に恵まれないというのも違います。単に実力が不足しているのです。

くり返しになりますが、批評にかまけている男性の最大の問題点は、結果として何も身につかないことです。伝説のバスケットマンガ『スラムダンク』の安西先生の言葉を借りるならば、「まるで成長していない……」ということになります。他人をとやかくいう前に、自分と正面から向き合う態度を身につけましょう。

解決しようとする男、共感を求める女

高圧的な態度の男性、自分を責める男性、批評ばかりの男性、様々なタイプを取り上げてきました。「自分はどれにも当てはまらない」と笑みを浮かべている人がいる

かもしれませんが、全ての男性にしっかり聴いておいてもらいたい話があります。コミュニケーション能力に自信のある男性は少なくないと思います。しかし、その自己評価に反して、コミュニケーション能力が低い男性が大勢いるのです。

例えば、妻から「子どもの成績が下がっている」と相談されたら、男性のみなさんはどのように答えますか。

夫側からの典型的な返事は、「じゃあ塾に入れればいいじゃないか」です。何が悪いのかさっぱりわからないようなので、解説していくことにしましょう。

言語学者のデボラ・タネンは、男女のコミュニケーションの違いについて、次のような示唆的な発言をしています。

女は、男性が問題を解決することにしか関心を示さないと憤慨し、男は、女が愚痴ばかりこぼして問題そのものを解決しようとしないと腹を立てる。

「協調」するように教えられてきた女性は、人との共感を目的としてコミュニケーションを取る傾向があります。ですから、妻が求めているのは、「子どもを心配する気持ちはよくわかるよ」や「確かにそれは困ったことだね」といった理解を示す言葉なのです。

一方で、「競争」を基本として育てられてきた男性は、コミュニケーションを問題解決の手段と考えがちです。そのため、「子どもの成績が下がっている」という妻の発言に対して、「塾に入れる」と答えてしまうのです。

この場合、単なる男女のすれ違いという話では済みません。「がっかり」の対応をしたにもかかわらず、男性は悩みを「解決」してあげたと相手に対して優越感を覚えます。

女性の側からすれば、期待外れの会話をしたあげくに、自分が下に見られてしまうわけですからたまったものではありません。

人と人とをつなぐのは言葉だけではありません。身振り手振りを通じても、お互いの考えや感情を伝達しようとします。全ての情報を正確に受け取り、相手の意図を理解するのはとても難しいことです。ですから、幼い頃から、私たちは人の話をしっかり聴くように教わってきたのです。

その意味で、最低なのは「論破」です。一方的にまくしたて、相手を言い負かす自分に酔いしれている男性を見かけることがあります。そして、論破できる話術を持つ男性に憧れを抱き、称賛する男性たちもいます。何というコミュニケーション能力の低さでしょうか。「ずっとオレのターン！」では、コミュニケーションが成立しないことさえ理解できていないのです。

こうした男性には、幼稚園でも習うであろうコミュニケーションの基本を思い出してもらわなければなりません。コミュニケーション能力を高めたいと思うならば、相手を説き伏せるような「話す力」を磨くのではなく、相手の話をしっかり「聴く力」を身につけることが必要です。

なくなった「普通の人生」

ずいぶんと男性ばかりを責めてきました。男性を批判して悦に入っていたわけではありません。これだけ厳しいことをいってきたのには、ちゃんとした理由があります。今から丁寧に説明するので、どうか許してください。

本書の冒頭で、経済状況の変化によって、「普通」と思っていた人生を実現できなくなったことが、男性の生きづらさの原因であると述べました。そして、男性が幼い頃から「競争」に晒されているという問題を指摘しました。

経済がどんどん成長していく時代には、「競争」を促すような「煽り」が効果的です。私が生まれる前の１９５０年代には、「成功」をテーマにした書籍が次々に出版され、多くの読者を獲得していたそうです。そして１９６０年代から１９７０年代の半ばにかけては、都市と地方、ホワイトカラーとブルーカラー、様々な経済格差が縮小していきました。

一定の貧富の差や企業間の格差があったにせよ、多くの人が「人並み」の生活を送り、自分は「成功」したと思えるようになったのです。夫婦に子ども２人が「普通の家庭」というイメージもこの時期に定着しました。

これまで、「普通」の男性は、正社員として就職すると考えられてきました。確かに、今から30年ほど前の１９８５年には、９割以上の男性が正社員として働いていました。２０１３年では、正社員の男性は８割を切っています。２割を超す男性が非正規で働いているのです。

２０１３年に民間企業で働いた人の平均年収は、３年ぶりに前年を上回り４１４万円でした。また１０００万円を超える年収の人は、２０１２年よりも14万人増えました。その陰で、年収２００万円以下の人が、30万人も増加しています。経済格差の拡大は明白です。

２０１０年代に入った現在、「競争」の先にいる勝者はごくわずかしかいません。１９７３年のオイルショック以降、日本は低成長の時代に入っています。バブルの熱狂がその事実を一時的に忘れさせはしましたが、成長期のように経済が拡大していかない以上、「煽り」ではなく「鎮《しず》め」が求められるはずです。

しかし、１９５０年代の日本と同様に、２０１０年代でも、世の中には「成功」の方法が書かれた本が溢れています。私たちは、男たるもの経済的に「成功」を収め、「上昇」していくことが「幸せ」であるというイメージから、抜け出せないでいるのです。

「競争」をベースとした男性の生き方は、すでに百害あって一利なし。「競争」を続けて突っ走っても、先にあるのは「成功」ではなく崖かもしれません。だからこそ、「競争」の弊害として生み出される男性の言動を、徹底的に批判しなければならなかったのです。

「平日昼間問題」を知っていますか？

サービス業やIT関連の分野で働く男性が増えています。こうした構造の転換を受けて、土日休みではない男性が増えました。つまり平日の昼間に街を歩いている男性が、働いていないわけではありません。

しかし、そのような現代社会においても、男性が平日の昼間にブラブラしていると、それだけで怪しいと思われてしまいます。これを「平日昼間問題」と呼びます。学生と定年退職者だけは、「平日昼間問題」から逃れることができます。逆にいえば、それ以外の全ての成人男性は、この問題の当事者なのです。

「平日昼間問題」は男性の被害妄想で、「まわりはそれほど気にしていない」という人がいます。確かに、平日の昼間に街を歩いていたら「怪しいと思われてしまうのではないか」と、男性自身が身構えている側面はあります。

試しに「不審者注意」というワードをGｏｏｇｌｅで画像検索してみてください。啓発ポスターに描かれている被害者は子どもだったり、女性だったりしますが、たいていの不審者は男性です。

実際にこのような構図で事件が発生しているわけですから、注意喚起の必要性は十分に理解できます。しかし、子どもや女性が被害者となる事件で、少なくない加害者の多くが男性であったとしても、男性の多くは加害者ではありません。

無職の男性が逮捕されたニュースを聞くと、「やっぱり」という感想を持つ人がほとんどです。働いていない男性はどこかおかしいに違いないという発想は、偏見だといわざるをえません。

「働けないこと」と「働かないこと」は全く別です。ちょっと想像力を働かせればわかることですが、健康状態や家庭の事情などの様々な理由があって「働けない」男性もいるのです。

私は平日の昼間に休みがある職業なので、「平日昼間問題」の深刻さがよくわかります。お昼頃にスーパーへ買い物に行くと、子どもたちが幼稚園からバスで帰宅する時間に重なることがあります。

子どもが大好きなので、かわいいなと思って「微笑み」を浮かべて園児を眺めているのですが、相手からはどうも「ニヤついている」ように見えるようです。全くコミュニケーションというやつは難しいものです。こちらの意図通りに相手に伝わることの方が少ないぐらいかもしれません。微笑む私を尻目に、迎えのスピードは上がり、急いで親子が帰宅の途につくのです。

社会が大きく変わっても、「普通」の男性は平日にフルタイムで働いているというイメージは強烈に残っています。このイメージがなくならないかぎり、私たち男性は平日の昼間を快適に過ごすことができないのです。

相手を選ばなくても結婚できない男性がいる

仕事に加えて結婚も「普通」の男性であれば、必ずするものとされてきました。しかし、現代の日本社会では、未婚化が進行していますし、結婚する年齢も高くなっています。その理由については、後の章で詳しく取り上げるとして、ここではいくつかの数字を紹介しておきましょう。

みなさんは自分が何歳ぐらいで結婚すると想像していましたか。だいたい30歳ぐらいと考えていた人が多いかもしれません。２０１０年の時点で、25歳から29歳までの男性の未婚率は約7割です。20代後半で結婚する男性は、すでに少数派になっています。30歳から34歳になると未婚率は5割を切りますが、それでも半分近い男性はまだ結婚していません。これだけ、晩婚化が進んでいます。

未婚化の現状についても現状を確認していきます。未婚者の割合を示す数字に生涯未婚率があります。1985年に4％弱だった男性の生涯未婚率は、2010年には2割を超えました。要するに5人に1人の男性が、結婚しない時代に入っているのです。

「男は結婚して一人前」。こうした考え方の上司が、今でも独身の部下に「早く結婚しろ」といっているかもしれません。「理想が高いから結婚できないんだ」「相手を選ばなければ結婚できるぞ」という「ありがたい」アドバイスが聞こえてきそうです。人にはその人なりの理想があります。そもそも「相手が誰でも良い結婚」にどのような意味があるのか理解に苦しみます。

「相手を選ばなければ」発言は不可解なだけではなく、事実ではないことが一番の問題です。相手を選ばないと決意しても、男性の方が女性よりも数が多いので一定の男性が必ず余ります。日本では、1975年に20代男女の割合が逆転しました。以降は、一貫して女性よりも男性の方が多くなっています。単純に引き算をすれば、具体的に余っている男性の数がわかります。

2010年では、20歳から24歳で13万人、25歳から29歳では12万人です。20代全体で見ると、男性の方が女性よりも25万人ほど多くなっています。男性にとっては悲報であり、女性からすれば朗報です。

ちなみに、この数は30代でもほとんど変わりません。ですから、男性が女性との恋愛や結婚について考える場合、数の上で圧倒的に不利なことについてしっかり認識しておくことが重要です。

独身男性に世間は冷たい

私は38歳まで独身でしたので、結婚が早い方ではありません。25歳から一人暮らしを始めて、家にいる生き物は私と観葉植物のガジュマルだけという生活を送ってきました。それでも、元々、一人で過ごす時間が好きなこともあり、特に寂しさは感じませんでした。

ちなみに、ガジュマルはその観葉植物に固有の名前であり、私が個人的に「ガジュマル」と名づけて育てていたわけではありません。40歳近くまで独身の男性は、よほど追い詰められているのだろうと勘違いされては困るので、念のためいっておきます。

私は三人兄弟の長男で、下に弟と妹がいます。弟は20代前半で結婚をしており、子どもがいます。女の子が2人です。そのおかげで、親から「孫が見たい」とプレッシャーをかけられることがなかったのは、独身生活を続ける上で幸運だったと思います。

私が小学生だった1980年代には、少年野球チームには文字通り男の子しかいませんでした。姪は女の子ですが、少年野球チームに入り、男の子と交じってプレーをしています。野球を始めるという話を聞いた時に、時代の変化を感じました。そのような経緯があり、ある日、一緒に東京ドームで野球観戦をしました。

当時、35歳だった私と9歳の姪の組み合わせは、傍から見れば親子そのものです。売店に買い物へ行くと、若い女性の店員さんが対応してくれました。まだ小さな姪の頭のサイズにあう帽子がなかなか見つからなかったのですが、店員さんは親身に相談に乗ってくれました。私にもたくさん話しかけてくれました。

ナイター観戦だったこともあり、9歳の姪は帰りの電車でウトウトして、隣のギャル風のお姉さんに寄りかかって寝てしまいました。まいったなと思いながら、女性に「すいません」と謝ると、「大丈夫ですよ」と笑顔で返してくれました。

「一人で行動していた時と対応がまるで違う……」。この事実に愕然としました。いつもの私は「一人での行動が好きな独身中年男性」ですが、その日は、「休みの日に娘と2人で野球観戦に来ているやさしいパパ」でした。

独身だからといって世間に冷たくされた覚えはないという方が多いと思います。実際、現代では、独身者があれこれ直接的な文句をいわれることは少ないでしょう。肩身の狭い思いをしたことが、あまりないかもしれません。

しかし、疑似的にでも体験してみればわかりますが、既婚者であり、子どもがいて、土日が休みの「まともな仕事」をしている。この組み合わせに対する社会的信用は非常に高いという現実があります。だから、普段とは違って、その日の私は若い女性たちにとてもやさしくしてもらえたのです。


女性をリードしなければならないというプレッシャー

親が喜ぶし、社会的な信用も得られるなら結婚した方がいいのかもしれない。そのように考えた独身男性がいるかもしれません。決断したところで、男女の数はそもそも違いますし、その上、男性が乗り越えなければいけない大きな壁があります。愛の告白です。

恋愛をスタートさせるための告白、結婚の申し込みをするプロポーズ、いずれも男性が「する」ものです。女性は「される」のを待っています。男女平等が叫ばれ、女性と男性は対等な関係のはずですが、なぜか男女ともに「重要な決断」は男性がするべきだと考えています。

当たり前のことですが、告白には大変な勇気がいりますし、フラれてしまえばとても悲しい思いをします。そこに男女差はないはずです。にもかかわらず、男性だけが重責を背負わされているのです。

それだけではありません。幸いにして恋愛や結婚が成就した場合、リードする役割を求め続けられることになります。男性がリードする側であり、女性はリードされる側であるという認識が、いまだに根強く残っています。

毎回のデートコースを男性に任せっきりという女性は少なくないと思いますが、男性の側からすればこれはなかなかのプレッシャーです。東京の場合でのみ考えてみても人気の街は限られています。

定番の新宿、渋谷、池袋、それに吉祥寺や六本木を加えてみたところでわずか5カ所です。お台場、自由が丘、ちょっと遠出して神奈川の横浜などもいいかもしれないですね。問題は同じ場所にたて続けに行くわけにはいかないという点です。

「また新宿……」と女性をがっかりさせないように男性は頑張ります。しかし、3カ月もすれば、デートコースのストックは尽きてしまうことでしょう。デートスポットが無数にありそうな東京でさえこの有様なのです。

こうした男性の悩みを解決してくれるのが、デートに必要な情報をパッケージ化して提供してくれる雑誌です。『東京ウォーカー』が発売されたのは、1990年のことでした。1990年代後半に大学生だった私は、この雑誌を熱心に読んだ記憶があります。

今でもはっきり覚えているのですが、『東京ウォーカー』でスターバックスコーヒーの特集を組んだ号がありました。1996年8月、スターバックスコーヒーの日本1号店が銀座にオープンしています。北米以外の地域に初出店ということもあり、大きな話題を呼びました。

1990年代後半、当時の日本では、「ドリンク」のサイズはS・M・Lが常識でした。ご存知の通り、スターバックスコーヒーでは、「ビバレッジ」のサイズはショート、トール、グランデ、ベンティの4段階になっています。

公式ホームページの「How to オーダー」によれば、ビバレッジを決めたら、サイズを選択し、最後に、ビバレッジにシロップやホイップを追加してカスタマイズすることができます。自分の好みにあわせてくれるのが、スターバックスの特徴ですが、客の側からすればそれだけオーダーの難易度が上がります。

リードすべき側の男性が、女性を流行のスターバックスコーヒーに連れて行って「ホットコーヒーのMね！」などといって恥をかいては大変です。ですから、『東京ウォーカー』が親切にも、スターバックスでの正しい注文の仕方を教えてくれたわけです。

男性は女性をリードしなければならない。この常識は男性にとって大きなプレッシャーになっています。ぜひこの苦しみを、女性のみなさんには理解してもらいたいと思っています。デートコースは一緒に考えれば、仲も良くなるはずですし、二人の関係はより対等に近づくと思いますよ。

趣味には序列がある

そこまでして結婚したくない。男性にかかるプレッシャーを考えれば、このように考える人がいても全く不思議ではありません。「未婚のプロ」を名乗る女性がいる時代です。男女ともに未婚でも問題はないでしょう。いっそのこと、独身生活を極める道を選ぶのもいいですよね。

独身のメリットは何といっても気楽さにあります。食べたいものを食べ、寝たい時間に眠り、週末は自分のしたいことをする。結婚をすれば自由な行動は制限されますし、子どもができればなおさらです。

誤解されがちなことですが、「独身＝恋人なし」ではありません。何歳になっても独身であれば、恋愛を楽しむことができます。やれ不倫だ、離婚だと騒がなくても済むわけですから、恋愛体質の人は独身が向いています。

もちろん、恋人や友達がいなくても、本人が良ければ大丈夫です。その場合、趣味さえあれば充実した独身生活を送ることができるはずです。既婚者とは違って、独身者は趣味に使える時間とお金があります。独身男性は稼いだお金は、全て自分のお金です。どのように使おうが誰に文句をいわれる筋合いもありません。

２０１４年の夏、突如、千葉の道路にバイクに乗ったバットマンが現れて話題になりました。通称「千葉ットマン」です。彼の正体が40代の独身男性だと報道された時、なるほどと思った方も多いはずです。

テレビ報道を見るかぎり、バイクの改造と自作の衣装に何十万円というお金が注ぎ込まれています。家計のやり繰りを第一に考えなければならない既婚男性が、趣味で「千葉ットマン」に変身することはできないのです。

大人の男性に似合う趣味としては、ゴルフ、釣り、あるいはカメラあたりがすぐに思い浮かびます。ヨーロッパサッカーに詳しいなどというのもカッコいいかもしれません。実際、大学時代の友人たちはとてもヨーロッパサッカーに詳しいのですが、話についていけない私は密かに劣等感を抱いています。

今の30代・40代の男性はマンガやゲームの黄金期に子ども時代を送っています。ですから、今でもマンガやゲームが趣味だという男性もたくさんいるはずです。人気バラエティー番組『アメトーーク』で、芸人さんたちが『キン肉マン』をはじめ、『ジョジョの奇妙な冒険』や『スラムダンク』について熱いトークを繰り広げている姿はもはやお馴染みの光景になっています。

それにもかかわらず、マンガやゲームといった趣味は「大人の男性」にはふさわしくないと思われる傾向があります。「大人の男性」がゲームやマンガに熱中したところで、誰かが困るわけでもありません。人の趣味に口をはさむなど、全く余計なお世話です。

確かに、電車内でマナーの悪い人がマンガを読んだり、ゲームをやったりして迷惑をかけることがあります。しかし、それはゴルフや釣りなどでも同じです。どのような趣味でも周囲への配慮を欠けば、他人を不快にさせます。

はっきりとしているのは、趣味には明確な序列があるということです。ゴルフや釣りは高尚な趣味であり、ゲームやマンガは低俗な趣味だと考えられています。そして、何を趣味としているかで、その人がどのような人物なのかまで判断されてしまっているのです。

独身生活を充実させる上で趣味はとても重要な要素ですが、「大人の男性」としての適切なふるまいが期待されます。独身を貫いた男性でさえ、「男らしさ」から自由になることは難しいのです。

「男らしさ」という難敵

このように考えていくと、男性にとって「男らしさ」は大変厄介なものであることがわかってきます。「大人の男性」になるためには、いつまでも自由に生きることは許されません。とりわけ、現代においても、仕事と結婚の2つが、「普通」であるための要素として重視されています。

周囲から「男らしい」と好評価を得ているからといって、それが本人にとって「幸せ」であるかどうかわかりません。意外に思われるかもしれませんが、仕事での「競争」を勝ち抜き、「達成」によって自らの価値を証明できる男性ならではの苦しみも存在しています。

格差が社会問題となった2000年代以降、低収入の男性は「結婚できない」と話題になりました。確かに、収入と既婚率は高い相関を示しており、年収が高いほど結婚している男性が増えます。

穿《うが》った見方をすれば、低収入の男性は、「お金がないから」という言い訳が成り立ち、独身のままでいることが認められます、しかし、高収入の男性は、「結婚しない理由がない」と判断されます。社会的地位が安定して収入があるために、特定の生き方を強いられる圧力が高まってしまうのです。

2006年に放送されたテレビドラマ『結婚できない男』では、阿部寛さんが能力も収入も高いのに、偏屈な性格のために独身のアラフォー建築家・桑野信介を演じました。桑野は結婚しない理由について理論武装しています。設定上、周囲からは屁理屈といわれてしまうのですが、なかなか含蓄のある発言が多く、ドラマの見どころの1つになっていました。

住宅におけるキッチンの重要性について力説した桑野は、住み心地のいい家を作ったところで、喜ぶのは暇をもてあました奥さんだけだ、と皮肉をいいます。そして、「旦那は妻と子どもと家のローンという人生の三大不良債権を背負うはめになる」と言い放つのです。

ずいぶんと女性に対して偏見を持っている人物のようですが、男性が背負う責任の重さについては非常に的確にとらえています。「一家の大黒柱」としての男性は、妻子を養うだけの収入を途絶えさせるわけにはいきません。そこに住宅ローンが加わればなおさらです。要するに、何があっても定年までは働き続けるしかないのです。

安定した職業に就き、結婚して子どもがいる。その上、持ち家まであれば上々の「男らしい」人生といえるでしょう。しかし、当事者の男性は選択肢のなさと不自由さにうんざりしている可能性があるのです。

早めに本気を出してください

社会的に価値のある「達成」を成し遂げられない男性にとって、当然、「男らしさ」はプレッシャーです。収入が全くない20、30代男性の半数以上は、女性との交際経験さえありません。結婚している男性が、わずか3％程度という数字になっています。一方で、同じ年代で収入がゼロの女性は過半数が既婚者です。

20、30代で稼ぎのない独身男性の生活が苦しいであろうことは、容易に想像がつきます。しかし、それだけではなく、世間の評価や家族の目も気になるところでしょう。そして、何より本人のプライドが損なわれているのではないかと心配になります。

現在の雇用環境を考えれば、不安定な就労を強いられている若年層の男性は、これからも増加していきます。非正規の働き方は、就労の不安定さや収入の低さに注目が集まりますが、正規に比べて不利なのはそれだけではありません。

問題なのは、仕事を続けていっても自力で未来を切り開いていけるような技術も知識も身につけられないケースが多い点です。「達成」を求められていながら、こうした状況に置かれているのですから、非正規で働く多くの男性は、自分の置かれている立場に対して不満を持っているはずです。

あるいは、中高年といわれる年代に差し掛かって、自分はこれだけのことを「達成」したと胸を張れない男性がぼやきたくなる気持ちも理解できます。男の子は大きな夢を抱くべきだと無責任な「煽り」を受けてきたわけですから、それを実現できないことが明確になった年齢で自分の人生にがっかりしてしまうというわけです。いわゆる「中年の危機」と呼ばれるものです。

結局のところ、男性はいくつになっても自分が「眠れる獅子」だという妄想を捨てきれないのかもしれません。いつか「覚醒」の時が来れば、本当の実力はこんなものではないのだと信じたい気持ちがあるのです。

女性には全く理解できないかもしれませんが、少しでも野球経験があれば、何歳になってもプロ野球のドラフト会議の日には謎のワクワク感があります。万が一、自分が指名されたらどうしようと想像を膨らませるのです。「プロ野球選手になる」といった一発逆転が自分の人生に起こるのではないかと、どうしても期待を持ってしまいます。

傍から見て、何も「達成」していない人生だったとしても、目の前の課題をコツコツとこなしていくしかありません。「覚醒」の瞬間が訪れなかったとしても、「俺はまだ本気出していないだけ」という言い訳は虚しいだけです。なるべく早めに本気を出すべきでしょう。

男性の生き方があまりに画一的なために、「達成」しようがしまいが男性の人生は息苦しいものになってしまっています。私たち男性が、多様な生き方を選択できる未来はあるのでしょうか。

今時点で1つ確実にいえることは、男として目をそらしたい現実があったとしても、「男らしさ」という難敵に向き合うしかないということです。私たち男性は、「男らしさ」との折り合いのつけかたを本気で見つけなければなりません。

第2章

仕事がつらい

男性は不幸なのか

『平成26年版　男女共同参画白書』の特集は、「変わりゆく男性の仕事と暮らし」でした。男女共同参画というと女性のための政策という印象があるかもしれません。実際、『男女共同参画白書』で男性の特集が組まれたのは今回が初めてです。男性の生き方の見直しは、行政からも注目されている課題なのです。

『クローズアップ現代』「男はつらいよ2014　1000人〝心の声〟」の冒頭では、「男性の幸福度は女性よりも低い」というデータが紹介されました。このデータは白書の特集から引用されたものです。

「現在幸せである」と回答した割合が、女性の34・8％に対して、男性は28・1％でした。「生きづらい」と感じている男性が少なくない現状で、この数字は世間の関心を集めることになりました。

しかし、たったこれだけのデータで、現代の日本では「男性の方が女性よりも不幸だ」と安易に結論を出すことはできません。単純なデータを元に議論をしても、男性と女性の対立を煽る水掛け論に陥るだけです。白書には就業状態別・男女別の幸福度が掲載されています。

就業状態別の幸福度

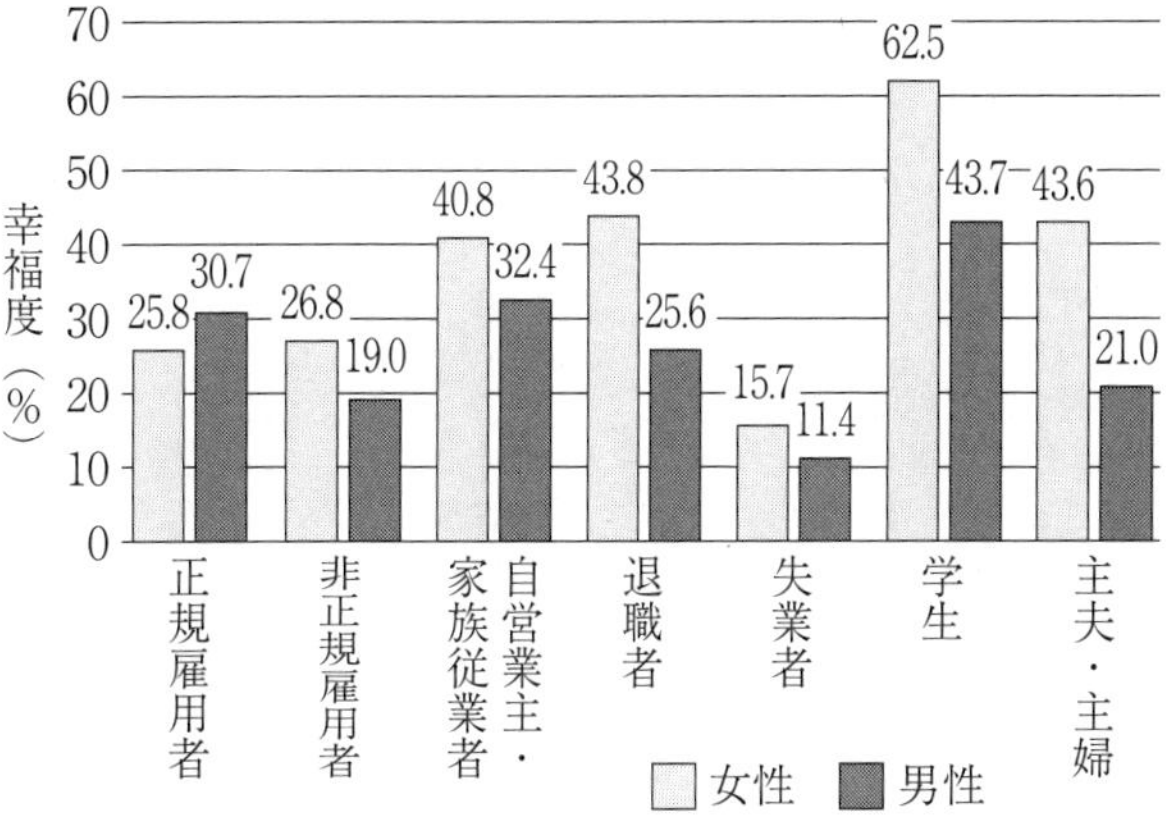

出所：内閣府『平成26年版　男女共同参画白書』

　一見して明らかなように、失業者の幸福度が最も低くなっています。男女差があまりないことが失業者の特徴です。仕事を探しているのに見つからない状況では、性別を問わず幸せだとは思えないのです。

　幸福度が最も高いのは学生です。学生は失業者と同様に働いていませんが、しっかりとした所属と身分があります。したがって、学生が一番幸せというわけです。男性全体の平均である28・1%と比較すると、男子学生の43・7%は非常に高い数字となっています。そして、唯一、男性よりも女性の幸福度が低いのは、正規雇用者です。

男性の幸福度が低いという話題は注目を集めましたが、平均の数字が男女で6%ぐらい差があるにすぎません。そして、性別よりも就業状態が幸福度に大きな影響を与えているのですから、この数字は男性が不幸かどうかを判断する上で、それほど参考にならないといっていいでしょう。

高すぎる男性の自殺率

幸福度よりも明白に男女差があり、かつ深刻なデータがあります。それは自殺に関する数字です。日本では1998年に、自殺者数が3万人を超えました。その後、2003年の34,427人をピークに、2011年まで連続して3万人以上の状態が続いてしまいます。

1997年の男性の自殺者数は16,416人でしたが、翌年の1998年には23,013人へと急増しました。90年代後半は、銀行による中小企業への貸し渋りや大企業の倒産などが「社会問題」になっていた時代です。

『平成24年版　自殺対策白書』でも言及されていますが、健康問題を除けば、中高年男性の自殺理由のほとんどが仕事やお金に関わるものです。

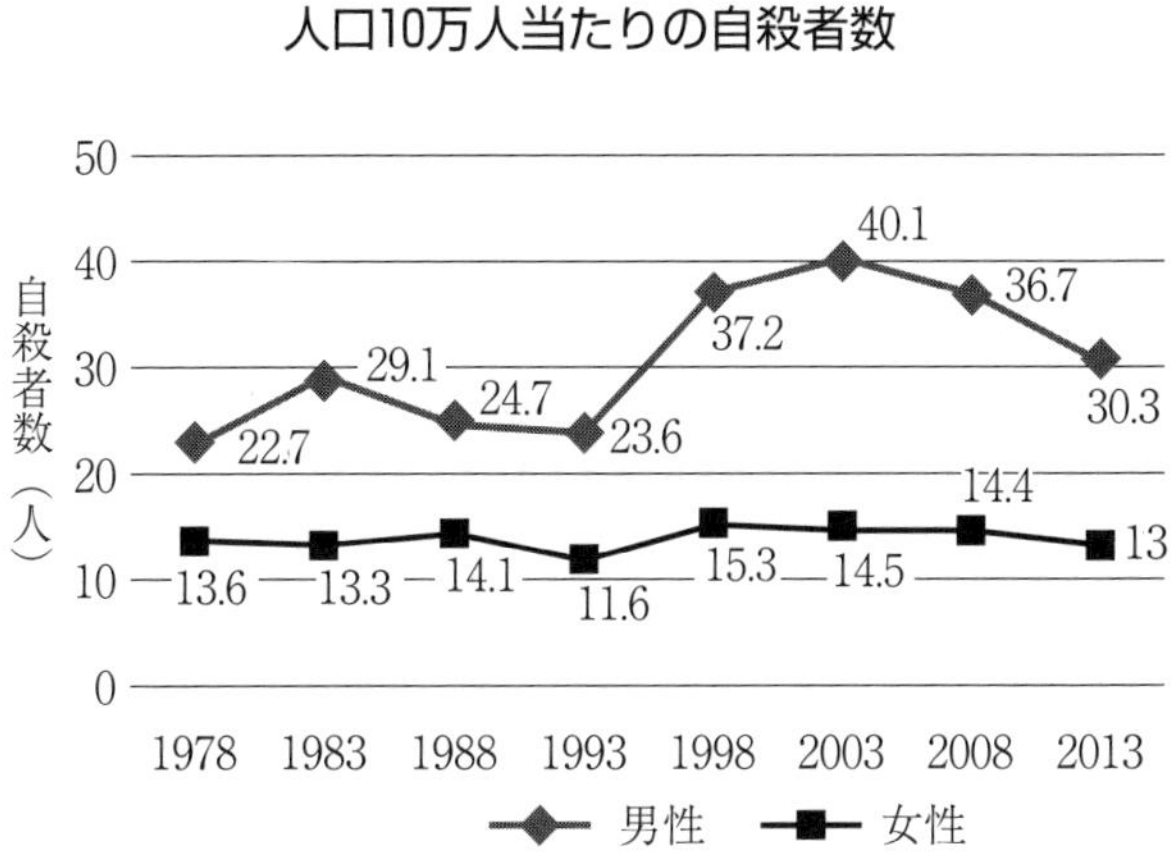

出所：内閣府『平成24年版　自殺対策白書』

１９９８年から２０１１年まで、男性の自殺者は常に2万人を超えています。この間、女性の自殺者が１万人に達したことはありません。２００３年には人口10万人当たりの自殺者数である自殺死亡率が、男性で過去最悪の40・1を記録します。これは女性の14・5と比較すると2・8倍です。

近年の傾向として注目する必要があるのは、20代以下の若者で自殺死亡率が上昇していることです。これについても『平成24年版　自殺対策白書』を参照しておくと、中高年に比べて仕事を理由とした自殺の割合が高いのが特徴となっています。また、白書では「就職失敗」による自殺者が2009年以降に増えていることも指摘されています。

男性の自殺については、第1章でも指摘したように、弱音を吐けないことが原因の1つとして考えられます。2012年に内閣府自殺対策推進室が実施した「自殺対策に関する意識調査」では、悩みやストレスを抱えた時に、人に相談したり、助けを求めたりすることに対して、中高年男性の半数以上がためらっているというデータが出ています。

若者の自殺の要因に関しては、仕事や就職に関する情報の過剰さを指摘しておきます。日本企業は新卒一括採用であるため卒業時に就職できないと不利であるという情報は、今や就活生であれば誰でも知っている「常識」です。その「常識」に基づいて考えれば、卒業するまでに内定をもらえなかった学生が失望しないわけがありません。

また、就活では徹底した自己分析が求められています。このことが学生の就職活動を難しくしている側面があります。就活情報サイトのマイナビ2015に掲載されている「まる分かり！　就活の進め方」によれば、自己分析とは、「どんなシゴトがしたいか」「どんなシゴトが自分に向いているか」「どんな会社に行きたいか」を認識・理解することだそうです。

社会学者の宮台真司さんは、今の学生が「自分はこういう人間だから、こうした仕事が向き、別の仕事には向かない」という適職幻想を抱いていると指摘しています。適職幻想に自己分析が影響を与えているのは明白です。過酷な就活の果てに、適職だと思っていた職業に就けない学生はやはり落胆するでしょう。

さらに、実際に働き始めてから「思っていた仕事と違う！」とがっかりして辞めていく若者が少なくありません。これも適職幻想の弊害です。就職に関する情報が溢れかえっているため、かえって仕事に対する若者の悩みは深くなっているのです。

仕事の悩みや就活失敗が自殺にまでつながる背景には、こうした事情があります。したがって、最近の若者が弱くなったなどといった批判は的外れです。若者にむやみに大量の情報を提供している大人たちこそが反省しなければなりません。

問題として直視されていない長時間労働

男性の自殺が仕事やお金の問題と関連していたことからもわかるように、日本では男性と仕事の結びつきが強すぎます。そのため、日本人が「働きすぎ」という話を聞いても少しも意外な印象はないはずです。具体的に、日本の男性はどのくらい働きす

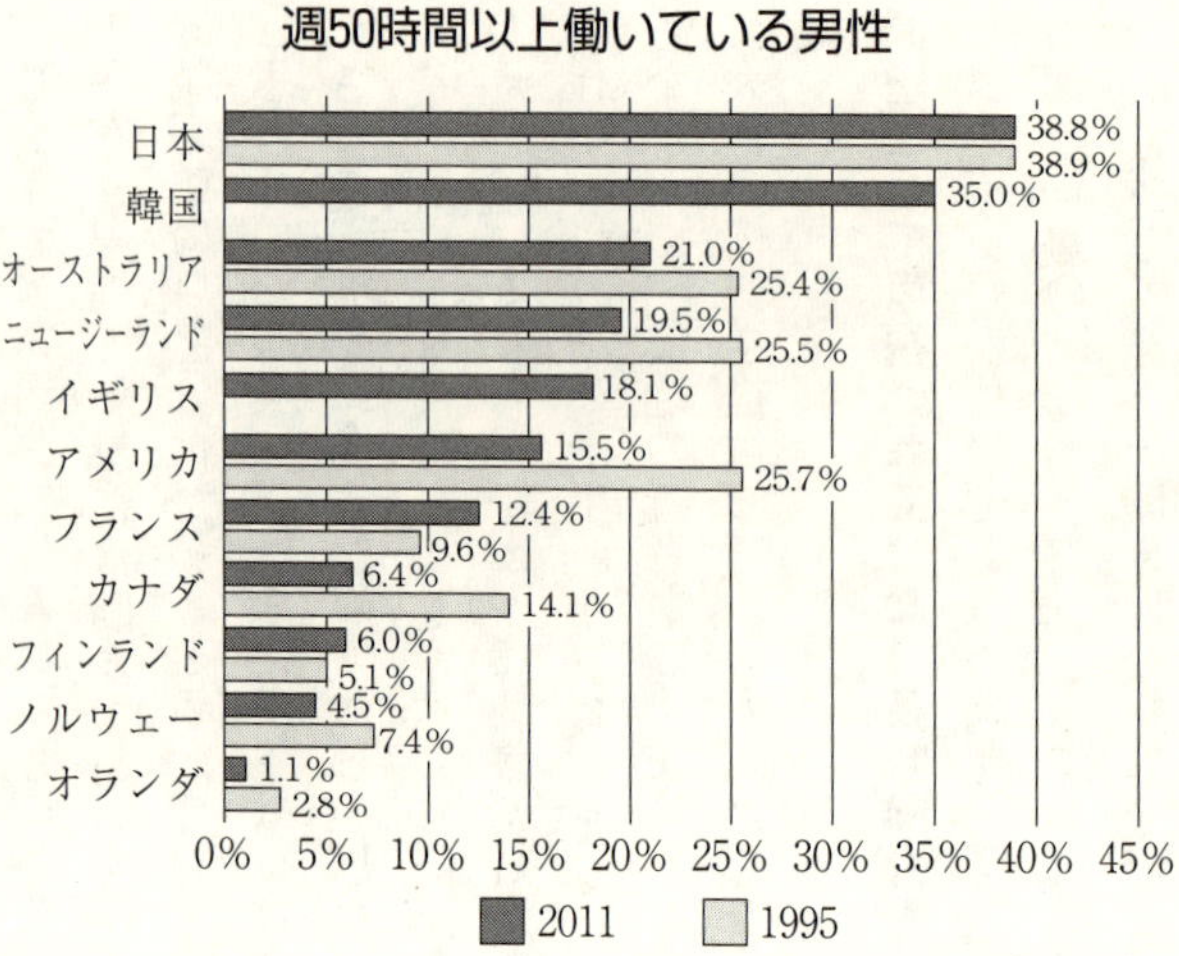

出所：労働政策研究・研修機構『データブック国際労働比較2014』

ぎているのでしょうか。

２０１１年のデータで確認すると、週50時間以上働いている男性は38・8％です。週に50時間以上働くためには、週５日出社するとして、単純に考えて１日に10時間労働している計算になります。通勤時間をあわせれば、約４割の男性が24時間の半分近くを仕事のために費やしているのです。

長時間労働について国際比較をしてみると、日本男性の「働きすぎ」がよくわかります。韓国は日本の数字に近く35％ですが、アメリカでは15・５％と日本の半分以下の割合にすぎません。フィンランドやノルウェーは一桁ですし、オランダにいたってはわずか1・1％となっています。

日本男性の「働きすぎ」は、「働き盛り」や「今が頑張りどき」といった言葉で誤魔化されてきました。男性たちが自分に「仕方がない」「当たり前」と言い聞かせてきた側面もあるでしょう。しかし、生活のほとんど全てを仕事に費やすような男性の生き方が、世界的に見て特殊であることを理解しなければなりません。

男性の長時間労働は様々な問題の元凶になっています。長時間労働がもたらす最悪の結末は過労死・過労自殺です。2014年11月1日に過労死等防止対策推進法が施行され、ようやく国が責任を持ってこの問題に取り組む姿勢が示されました。ただし、すでに1980年代後半には過労死が「社会問題」になっていたことを考えれば、遅すぎたといえます。

長年、過労死・過労自殺の問題に携わってきた「過労死110番全国ネットワーク」の活動は、1988年から始まっています。ホームページに記載されている過労死と過労自殺の定義を確認しておきましょう。

過労死とは、仕事による過労・ストレスが原因の一つとなって、脳・心臓疾患、呼吸器疾患、精神疾患等を発病し、死亡または重度の障害を残すに至ることを意味します。また過労自殺は、過労により大きなストレスを受け、疲労がたまり、場合によっては「うつ病」を発症し、自殺してしまう事を意味します。

仕事が原因となってこのような事態が起きていいはずがありません。私たちは「生きるために働く」のであって、「働くために生きている」わけではないからです。新鮮味のない主張かもしれませんが、働く上でこの原則はしっかり認識しておくべきです。

過労死や過労自殺にまで至らなくても、長時間労働で健康を損なっている男性は大勢います。命を削ってまで働く必要があるのか、自分の人生にとって何が大切なのか、これを機会に立ち止まってよく考えてみてください。

家族がいれば、みんなで真剣に話し合ってみるのもいいでしょう。「当たり前」や「仕方ない」などという言葉で目をそらしても、問題は深刻になっていくだけです。

自己犠牲が評価される日本

　１９９５年の時点では、他国でも２０１１年より長時間労働の割合が高くなっていました。当時のアメリカでは、４人に１人以上の男性が長時間労働です。フィンランド、ノルウェーは、それぞれ５・１％と７・４％でした。２０１１年にわずか６・４％だったカナダでさえ、７人に１人の割合だったのです。国によって理由は様々ですが、長時間労働は解消できることが分かります。

　日本の場合、１９９５年時点で長時間労働をしている男性の割合は38・９％です。十数年前と現在でほとんど差がない状況です。なぜ日本では男性の長時間労働に改善の兆しさえ見えないのでしょうか。

　長時間労働が減らない理由の１つとして、仕事に対する評価の仕方があります。簡単にいうと、生活の全てを仕事に注ぎ込める能力が、日本の会社では求められているということです。経済学者の熊沢誠さんは、この能力を〈生活態度としての能力〉と名づけました。

「残業オッケーです！」「休日出勤できます！」。こうした働き方ができる男性社員の能力が高いとされ、評価が上がるというわけです。これは単に長時間働けるというだけの話ではありません。

先ほどの威勢のいい発言には、「来月から転勤でも行けます！」を加えることができます。生活の全てを仕事に注ぐわけですから、住む場所の移動もそこには含まれます。要するに、〈生活態度としての能力〉とは、会社が求める多様な要求に柔軟に対応し、自分の都合など考えずに受け入れる能力なのです。

フルタイムで働いたことのない学生でも、アルバイトをしたことがあれば〈生活態度としての能力〉の意味を実感として理解できるはずです。

飲食店などでのアルバイトでは、シフトに穴が空いてしまうことがありますが、そこで自分の予定をキャンセルして出勤できるアルバイトは「使える」と評価されます。逆に、サークルの合宿や学校の試験勉強などを理由に休もうとすれば、「使えない」と評価されることになるはずです。

もちろん、学生のアルバイトとはいえ、従業員の一人として自覚を持って働かなければなりません。それは当たり前のことです。しかし、シフト制のアルバイトは、自分の都合にあわせて働けることを売りに募集をしています。

あるファストフード店の求人広告には、次のように書いてありました。「希望スケジュール制なので、自分のライフスタイルにあわせた勤務ができます！」。このような募集をしておきながら、学校の都合を優先するアルバイトに対して「使えない」と評価するのはおかしなことです。

アルバイトにも〈生活態度としての能力〉を求めるならば、募集の文章を「希望スケジュール制ですが、お店の都合にあわせた勤務をしてもらいます！」と書きかえるべきです。

アルバイトでさえ生活を仕事に捧げることが求められる日本社会で、男性正社員の長時間労働が改善するはずはありません。この問題は、非正規雇用が増えていることとあわせて考えるとさらに深刻です。

身分の安定性は保障されていないにもかかわらず、従来の正社員と同じようなレベルで〈生活態度としての能力〉を求められる人が増えているからです。重要な論点なので、この問題は後ほどあらためて取り上げます。

「社会人」という日本語は間違っている

「社会人」という日本語の使い方も、生活の全てを仕事に捧げる姿勢と同様に、長時間労働を問題として直視させない原因です。一般的に社会人とは、「学校を卒業して会社で働く人」という意味で使用されています。卒業式で「立派な社会人になってください」という言葉を耳にすることもあります。

しかし、よく考えてみると不思議な話です。社会とは明らかにもっと広いものです。仕事は私たちの社会を支える重要な領域ですが、あくまで構成要素の1つにすぎません。

それにもかかわらず、会社で働くだけの人を「社会人」と呼んでしまうと、「仕事さえしていればまともな人である」という勘違いを助長します。また、地域コミュニティーや家庭といった他の領域の価値が低いかのような印象を与えることにもつながります。

2011年の東日本大震災をきっかけに、地域コミュニティーの重要性は再認識されました。しかし、非常事態だけではなく日々の生活の中で、利害関係を超えた人づき合いはかけがえのないものです。

近年ではSNSの発達によって、物理的な距離を超えて関係を持つことができるようになりました。コミュニティーという言葉自体、地域コミュニティーだけを指すの

日常生活の場の４分類

職業領域 収入を得ることを目的として社会的分業に参加	**地域領域** 互いの生活の豊さを求めて合意を形成
家庭領域 衣食住という基本的な日常生活行動を共有	**個人領域** 社会的役割から距離を置いたプライベートな領域

ではなく、共通の関心を持つ人たちのインターネット上での集まりという意味を持つようになっています。

現代の日本では、地域コミュニティーではなく単にコミュニティーと表記した方が適切かもしれません。地域とインターネットのいずれにしても、損得感情抜きで人とつながれるコミュニティーは、重要な社会領域の1つです。

ところで、学生に聞くといまだに、「誰に食べさせてもらっていると思っているんだ！」と怒鳴る父親がいるそうです。もちろん、毎日ひたすら働いて、学費や家のローンを払っているのに、あまりに子どもが反抗的であればイライラする気持ちもあるでしょう。

しかし、このセリフは教育的によくないだけではなく、自分を追い込むことにもなりますから、絶対にいってはいけません。

「誰に食べさせてもらっているのか」という質問に対する答えは、日本の場合、ほとんどが父親です。そのため、このカードを切ってしまえば話は終わりです。親子の会話はなくなります。前章で指摘したように、論破はコミュニケーションではないですし、同様に教育にもなりません。

さらに、経済的な責任を果たしているのだから、子どもは父親のいうことを聞くべきだと主張してしまうと、お金を稼がない父親は家庭での存在価値がないことになります。失業したら無価値です。

いずれは誰もが定年を迎えます。定年退職者になった父親は、「用済みだ」と子どもにいわれ、山に捨てられてもよいのでしょうか。

家庭を維持するためにはお金は大切ですが、家族のつながりはそれだけで維持されているわけではありません。だからこそ、仕事とは別物として、しっかり家庭を社会の1つの領域として確保しておかなければならないのです。

最後に残ったのが個人ですが、これは忙しい毎日の中では存在すら忘れられている領域です。要するに自分だけの時間や場所はありますかということです。

結婚して家族がいる場合、仕事では社員、地域では○○ちゃん家のパパ、家庭では夫・父親と何かしらの役割を課せられています。役割があって、人から期待されるのはありがたいことですが、息がつまる時もあるはずです。

そのような場合に、自分だけの時間や場所が必要になってきます。趣味を持っている男性は、容易に個人領域の大切さが理解できるはずです。自分の趣味に没頭する時間があると、様々なしがらみから解放され、ストレスがなくなります。

趣味がなく時間もとれないのなら、喫茶店で30分ぐらいコーヒーを飲むだけでもいいと思います。一人でゆっくりすごす時間を無理にでも作らないと、無反省に同じことをくり返す人生になってしまいかねません。

もちろん、仕事、コミュニティー、家庭、個人の全ての領域に全力で向き合っていたら体がいくつあってもたりません。それでも、どの社会領域にも目配りをすることは可能なはずです。どの領域にどれだけ時間を割くかは個々人の置かれた立場にあわせる必要があるにしても、社会の全ての領域に関心を持ち続ける人を「社会人」と呼ぶべきなのです。

ワーク・ライフ・バランス再考

先ほどは、社会人という言葉を仕事・地域・家庭・個人というより幅広い視野から理解する必要性を主張しました。議論を深めるために、ここ数年、働き方を見直すためのキーワードとなっているワーク・ライフ・バランスについて考えてみたいと思います。

ワーク・ライフ・バランスとは、一般的に日本語では「仕事と生活の調和」と表記されます。ライフを生活と訳しているわけです。しかし、ライフという言葉にはもう少し多様な意味が含まれています。

社会学者の藤村正之さんは、ライフを生命・生涯・生活という3つの意味でとらえることを提唱しています。このように解釈すると、ワーク・ライフ・バランスという言葉がより広い意味を持つようになります。

第一に、仕事と生命のバランスという解釈です。働きすぎが過労死・過労自殺といった結果を招いてしまったケースでは、仕事と生命のバランスがまさに致命的に崩れてしまっていたわけです。

ワーク・ライフ・バランスという言葉は、まずこの意味で使われるべきです。命あってこその人生です。命を削ってまで働かなければならないような事態を、私たちは決して認めてはいけません。

「働き盛り」の男性と会話していると、「仕事が忙しくて病院に行く暇がない」というセリフを耳にすることがあります。仕事と自分の健康のどちらが大事なのかは、本来であれば天秤にかけるまでもない問題です。

第二に、仕事と生涯のバランスという解釈です。就職活動をしている学生に、「生涯という視点を持って、自分と仕事との付き合い方を考えるように」とアドバイスしても想像するのさえ難しいことでしょう。

しかし、現実的な問題として、私たちは自分の生涯の中に仕事をどのように位置づけていくのかを考える必要があります。「自分が何をしたいのか」は確かに重要ですが、「自分が何を継続していけるのか」の方が長い人生では大切なはずです。初任給の高さなどのような目先の利益に惑わされる危険も少なくなります。

さらに、現代は人生80年の時代といわれています。無事に勤め上げて、60歳で定年退職をした場合、まだ20年もの月日が残されています。これは子どもが誕生して成人するまでと同じ長さです。生涯という視点からは、仕事がなくなった後の人生も見えてきます。

第三に、仕事と生活のバランスという解釈があります。毎日の生活の積み重ねがあってこそ、生涯も続いていくわけですから、当然、仕事と生活の関係はしっかり調整をしていかなければなりません。

この文脈では、ワーキングプアの人たちに目を向けておく必要があります。働いているのに生活保護以下の賃金しか得られないわけですから、目の前の生活が成り立たない状況に追い込まれていることになります。

ライフを生命・生涯・生活としてとらえると、ワーク・ライフ・バランスという言葉の重みがよく理解できます。説明会などで企業の方が、「私たちの会社はワーク・ライフ・バランスを大切にしている」と発言したら、学生はどのような意味でこの言葉を使っているのか質問するといいでしょう。どの程度、真剣にワーク・ライフ・バランスという言葉を使っているかで、その企業の体質がよく理解できるはずです。

定年退職者の憂鬱《ゆううつ》

男性学の専門家は非常に数が少ないので、私は30歳になったぐらいの頃から、定年退職者の方々を対象にした市民講座を担当してきました。子どもや、下手をすれば孫のような年齢の自分の話をきちんと聞いてくれるのだろうかと心配するあまり、シニア向けのギャグの開発に励んだのもいい思い出です。

「今日の講座はみなさんのお子様やお孫さんのような世代の講師が担当ということで心配かもしれません。しかし、安心してください。僕は男性学では日本で5本の指に入る研究者です。まあ5人しかいないんですけど」

実際に定年退職者向けの講座の冒頭で必ず披露していたギャグですが、けっこうウケました。しかし、このようなつかみが不要であることに、しばらくすると気がつくことになります。

講座に参加する男性たちは、退職による虚脱感や喪失感に悩んでいて、何とか自分たちの生活を充実したものにしようと必死でした。話し手が誰であれ、講座に参加することで、自分たちの悩みの正体と解決方法がわかれば納得しますし、それができなければ期待外れという単純な話だったのです。

団塊の世代の定年退職は、かつて２００７年問題として注目されました。戦争が終わり、１９４７年から１９４９年にかけて大量の子どもたちがこの世に生を受けます。その集団としての大きさに対して、堺屋太一さんが団塊の世代と名づけました。

企業を支えてきた男性たちが一気に退職するので、事業の継続性や技術の伝承についての懸念が高まりました。これが一般的な意味での２００７年問題の中身です。要するに、大量の退職者が出ても、会社は無事に回っていくのかと心配されていたのです。

しかし、男性学の観点から見た２００７年問題は、全く別物です。男は家庭を顧みず仕事だけをしていればいいという「昭和的男らしさ」に縛られた人たちが、地域や家庭に戻ってくることで発生する様々な問題が、男性学的な意味での２００７年問題です。講座を受講した定年退職者の男性たちが知りたかったのは、まさに男性学の視点から読み解いた２００７年問題だったのです。

一日のほとんどを仕事に費やしてきた男性たちは、それがなくなると自由な時間を持て余すことになります。しかも、仕事一筋で生きてきたので、家庭での居場所もなく、地域コミュニティーに知り合いもいない男性が少なくありません。

行き場のない男性たちは、お金がかからず、冷暖房が完備された場所を探します。とても悲しい現実ですが、昼間の図書館やデパートのベンチでは、手持ち無沙汰な様子でただ時間がすぎるのを待っている定年退職者と思われる男性を見かけます。

孤独を避けたいのならば、定年後の男性は家庭や地域コミュニティーでの仲間作りに励むしかありません。端的にいえば、仕事中心に構成されてきた自分の生き方を、根本から再構成しなければならないのです。

生涯という視点から、仕事とのつき合い方を考えておけば防げた事態ですが、すでに定年した方々にそのようなことをいっても後の祭りです。仕事中心の生活から抜けられない現役世代の男性たちは、定年退職者の憂鬱から学ぶ必要があります。

働くことの意味

誤解されることがありますが、男性学は、「働くこと」そのものを否定しているわけではありません。あくまで仕事中心になりすぎている男性の生き方を批判しているだけです。

「働くこと」の肯定的な面にも目を向けなければ、議論は偏ったものになってしまいます。定年退職した男性たちと話していると、「仕事とは何か」について一義的に決めるのは無理であることがよく理解できます。

「現役時代は自分しかできない仕事をしていると思っていたし、まわりからの期待も高かった。定年すると僕でないと絶対にダメだということがない」と寂しそうに話してくれた男性がいました。

定年退職した男性たちが虚脱感や喪失感を抱いてしまうのは、やはり仕事が「生きがい」だったからです。男女問わず働いたことがあれば誰でもわかると思いますが、仕事を通じて人から感謝されたり、認められたりするのは嬉しいものです。

さらに、責任ある仕事を任されるようになれば、「自分にしかできない」という思いが強くなっていきます。プレッシャーを感じるでしょうが、それだけ張り合いも出てくるはずです。

定年退職したことで、逆に現役時代よりもイキイキしている男性もいました。こうした方々は、仕事を辞めたことに対して喪失感よりも解放感を味わっているという印象を受けました。

一般的に早期退職というと、企業のリストラ策の一環で働きたいのに職場から追い出されるという印象があると思います。しかし、「仕事を辞めたらやりたいことがたくさんあったから、早くリタイアするのが人生の目標だった」と嬉しそうに語ってくれた男性がいました。

これも働いたことがあれば理解できると思いますが、仕事はやはり苦痛です。だからこそ、日曜日の夜はとても憂鬱ですし、金曜日の夜にはテンションが高くなるのでしょう。

一家の大黒柱であることを期待される男性にとって、仕事を辞める選択肢は存在しません。それが誰に責められることもなく、堂々と会社に行かない生活を送れるのですから、定年退職を解放と感じるのは当然です。

学校を卒業して働き始めた当初は、とりわけ仕事の苦痛としての側面ばかりを感じるはずです。1限目の授業に出席することさえ難しかった学生が、週5日間、朝の9時から働くのですから無理もありません。

仕事のせいで気が滅入ることがあります。逆に、仕事のおかげで楽しい気持ちになることもあります。「働くこと」が自分にとってどのようなものかは常に流動的です。働き続ける上で、仕事の両義性を意識しておくと気が楽になります。

デビルマン世代の困惑

私はアラフォーですが、同世代の男性たちを見ていると、昭和生まれでありながら、ワークとライフのバランスに気を使い、家事や育児も頑張ろうとする「平成的男らしさ」にシンパシーを感じている人が少なくありません。

ただ、若い世代が自然に「平成的男らしさ」を実践しているのに比べると、アラフォー世代の男性は、まだどこか「昭和的男らしさ」を内側に抱えている感がぬぐえません。要するに、「昭和的男らしさ」と「平成的男らしさ」との間で引き裂かれている印象があるのです。

実際に、受けてきた教育の違いが、アラフォー世代とアラサー世代の間には明確にあります。家庭科が男女共修になったのは、中学校で1993年度、高校では1994年度のことです。つまり、アラサー世代の男性は昭和生まれでも、中学校や高校で女性と一緒に家庭科を学んできたのです。

アラフォー世代の男性は、女子が家庭科を勉強している時間に、技術や武道の習得に励んでいました。90年代前半に私は都立高校に通っていましたが、剣道にするか柔道にするかを選ぶことはできても、家庭科は選択肢に入っていませんでした。

だから、アラサー世代と比較して、アラフォー男性は全く駄目だなどといいたいのではありません。むしろ逆に、「昭和的男らしさ」に立ち向かえるのはこの世代しかいないとさえ思います。

今の若い男性たちはとても「やさしい」ので、「昭和的男らしさ」を振りかざす年長者を目にしても、世代によって考え方が違うのは仕方がないと受け入れ、争いを避ける傾向があります。

しかし、アラフォー世代は内面に「昭和的男らしさ」を抱えているがゆえの同族嫌悪から、「昭和的男らしさ」にあぐらをかく年長世代が許せません。

昭和世代からは裏切り者と罵られ、平成世代からは共感してもらえない。それでも、戦う昭和と平成を併せ持つアラフォー男性の姿はまさにデビルマンそのものといえます。

世の中を変えることができるのは、２つの価値観の間で引き裂かれ、葛藤を抱えるアラフォー世代かもしれません。ですから、私は希望を込めてアラフォー男性たちを「デビルマン世代」と命名したいと思います。

イクメンが抱える過剰な負担

週末の公園に行けば、子どもと一緒に遊ぶお父さんの姿を当たり前のように見ることができます。保育園や幼稚園の送迎でも男性の姿は、もはや珍しいものではありません。立ち合い出産も増えています。昭和には見ることのできなかった父親の姿を、私たちは目の当たりにしているのです。

イクメンという言葉がこれだけ社会に浸透したのは、単にイケメンをもじった語呂の良さだけではなく、現実の男性の姿と重なっていたからでしょう。ちなみに、厚生労働省はイクメンを、「子育てを楽しみ、自分自身も成長する男のこと」と定義しています。

育児参加を父親自身の成長とつなげる視点は重要です。「仕方なくやっている」「手伝わされている」といった感覚をなくし、子育てを自分の役割として認識することにつながっていくからです。

実際、育児休業を取得し、子育てをする中で考え方が変わったという男性にお会いしたことがあります。グループウェアで有名なサイボウズの社長である青野慶久さんです。

青野さんは社長という立場でありながら育児休業を取得したということで、イクメン社長として注目を集めています。子育てに関わったことで、「育児が次世代を育てることだと実感できた」と仰っていました。

当たり前の発想だと思われるかもしれませんが、育児を女性任せにしてきた男性には決して「実感」できないはずです。現代の日本で高い地位にいる男性たちが、社会を次世代につないでいく責任に対して自覚的であれば、そもそもこれほど少子化が進んでいないでしょう。

何度も強調していますが、これまでの男性の生き方は、あまりに仕事一辺倒でした。育児に積極的に関わるイクメンの増加は、基本的にはいい方向への変化だと考えられます。先ほど提唱した広い意味での「社会人」に一歩近づいたといえるでしょう。

ただし、イクメンという言葉の普及に対しては懸念もあります。男性の育児参加が、必ずしも長時間労働の見直しとセットで議論されているわけではないからです。

先ほど、週50時間以上働く男性は4割近いと確認しました。『平成26年版　少子化社会対策白書』によれば、さらに深刻なことに週60時間以上働く男性は30代で17・6%、40代でも17・4%いるそうです。

男女共同参画週間ポスター

誰もスーパーマンにはなれません…。

長時間労働が改善しないまま、育児も担わなければならないとすれば、明らかに荷が重すぎます。仕事で長時間拘束されていながら、家事も育児も頑張れといわれても普通の人間には不可能です。

　平成26年度の男女共同参画週間のポスターには、「家事場のパパヂカラ」というキャッチフレーズと共に、スーツを脱ぎ捨てエプロン姿になった父親が空を飛ぶ姿が描かれています。さながらスーパーマンのようですが、まさに変身でもしなければ仕事、家事、育児の全てを完璧にこなせるはずがありません。

もちろん、働く母親たちの負担は大変なものです。共働きが一般的な時代にもかかわらず、家事・育児は女性任せという風潮が残っているからです。さらに、主婦だからといって家事・育児の全責任を負わなければならないとすれば、それも一人で抱えきれるようなものではありません。

誰が一番苦労しているのかを決めようとすれば、建設的な議論は不可能です。ここで強調したいのは、夫婦間の家事・育児分担のアンバランスを解消するためには、男性の働き方の見直しという視点が不可欠であるということです。

増える男性の非正規雇用

総務省の労働力調査によれば、２０１３年の数字で、フリーターの数は１８２万人となって、前年よりも2万人増加しました。男女別では、女性が98万人と前年と同数だったのに対して、男性が2万人多くなって84万人です。男性のフリーターが増えたことで、フリーター全体の数字が前年よりも多くなったわけです。

ちなみに、厚生労働省はフリーターを「15～34歳の男性又は未婚の女性（学生を除く）で、パート・アルバイトとして働く者又はこれを希望する者」と定義しています。

定義からわかるように、35歳以上のパート・アルバイトをしている男性は、フリーターの数に入っていません。今後、若い世代のフリーターが減少したというニュースが流れても、より深刻な立場に置かれている男性たちが増えている可能性を頭に入れておく必要があります。

フリーターを含めた非正規雇用の問題は、冷静な態度が求められる議論です。フリーターの数は女性の方が多いですし、非正規雇用全体で考えれば、その多くが女性によって担われています。ですから、男女の比較では、女性の置かれている状況の方が深刻です。

しかし、男性は正社員として働くのが当たり前だと自分も他人も考えている社会の中で、フリーターとして働くことには苦悩があるはずです。その意味では、フリーター男性の置かれた立場も無視できるものではありません。

総務省の「労働力調査」では、非正規で働いている理由を聞いています。2013年の数字で、男性で最も多かったのは、「正規の職員・従業員の仕事がないから」（30・6％）です。それに対して女性では、「家計の補助・学費等を得たいから」（26・8％）

がトップになっています。

年齢を重ねるごとに、正社員になるべき、結婚するべきといったプレッシャーは強くなります。その一方で、統計上、フリーターとして働く期間が長くなるほど、正社員になれる率が低いことが明らかになっています。

経済成長が望めない中で、非正規雇用の問題を一挙に解決できる策が出てくるとは思えません。イメージと現実のギャップに苦しむ男性たちを減らすためには、現代の経済状況に適応した新しい男性の生き方を創造するのが近道なのです。

見えない敵としての企業文化

会社で働き始めたばかりの頃は、多くの人が、何て理不尽なことだらけなんだと学生生活との違いに絶望します。仕事をめぐる議論では見逃されがちですが、企業文化は私たちの働き方に大きな影響を及ぼすものです。

就職して3年目ぐらいの会社員が大学生に向かって、「そんな考えは社会では通用しない！」などとお説教をたれているのを見かけることがあります。心から納得しているわけではない会社のルールに、必死で適応しようとしている過渡期に起こりがちなことです。彼らは大学生ではなく、自分自身を説得しようとしているのです。「自分の会社では」というべきところを、「社会では」と表現してしまうのは、若者にかぎらず往々にしてあることです。ある会社での「常識」が他の会社では「非常識」であるケースも少なくありません。

例えば、サービス残業が「常識」になっている会社で働けば、定時に帰れないだけではなく、残業を無償でしなければなりません。何が目的かわからない会議が定例だからと組み込まれている会社では、自分が無意味だと思っていても、会議を欠席するのは不可能です。

企業文化のあつかいが難しいのは、個々の会社でそれぞれ独特な文化が醸成されていることです。そのため、書籍や勉強会で一般論を学んでも、自分の会社の問題の解決につながらないのです。

また、「毎日必ず2時間はサービス残業をすること」などと文章になっているわけではありませんので、問題のある企業文化を改善しようとしても、具体的に何をどう変えればいいのかを把握するのが困難です。

最も恐ろしいのは、理不尽に感じていたルールでも、人はいずれ慣れてしまうという事実です。疑問を持たなくなり、考えるのを止める瞬間が来てしまいます。

それを「社会人として一人前になった」と表現することも可能でしょう。しかし、「自分の会社のルール＝社会のルール」と勘違いしているような視野の狭さは、本当に会社のためになっているのでしょうか。

目先の利益だけを追求するならば、自分の判断を捨て会社の方針に従う社員が「使いやすい」かもしれません。しかし、企業不祥事の隠蔽などは、こうした社員ばかりになることの典型的な弊害だと考えられます。

目には見えない理不尽なルールを点検し、改善していくことは、社員のためだけではなく、健全な経営を続けていくためにも不可欠です。

満員電車に揺られて

仕事にはつらさと楽しさの両面がありますが、何度乗っても苦痛でしかないのが朝の通勤電車です。とりわけ大都市圏の場合は、混雑しているだけではなく通勤時間も長くなるので、朝から憂鬱な気分になってしまいます。

不動産会社のアットホームが２０１４年に調査した結果では、東京近郊に在住で子持ちのサラリーマンの通勤時間は、平均で片道58分です。ちなみに、通勤時間が長いサラリーマンほど、睡眠時間が短くなる傾向があるそうです。

興味深いのは、「通勤時間は、あなたにとって、苦痛な時間ですか？」という問いに対して、「はい」という回答が35・7％しかないことです。多くの人は満員電車に乗ることを、「当たり前」で「仕方」のないものだと考えて、諦めているからこその数字だと考えられます。

今から40年近く前の1976年に、社会学者の加藤秀俊さんは、満員電車がいかに病理的な空間であるかを論じています。満員電車が奴隷船なみに過密であることを指摘した上で、次のような「気の利いた皮肉」をいっています。

サラリーマン生活が30年つづく、ということは、結局のところ、日本の平均的サラリーマンは合計1万5千時間ほどを奴隷船なみの高密度空間ですごしている勘定になる。かりに奴隷船の航海が10週間を要したとしても、それは時間数になおして1700時間ほどであるから、日本のサラリーマンは、その生涯をつうじて奴隷船に10回乗っているのだ、と考えてもよい。

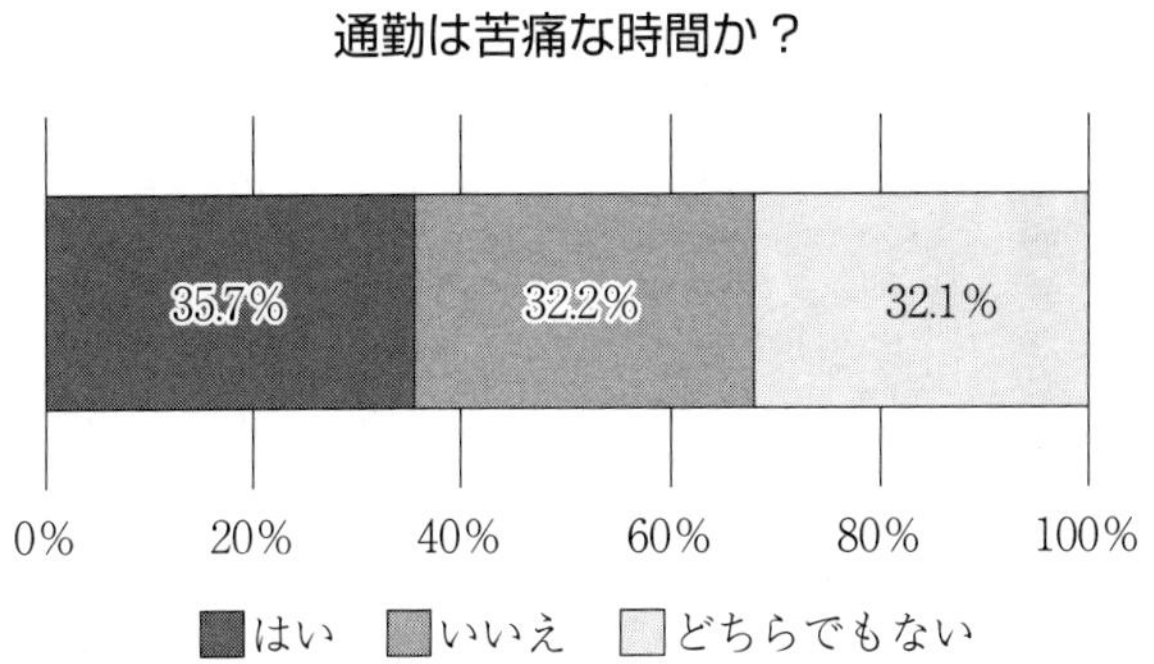

出所：アットホーム株式会社『「通勤」の実態調査2014』

社会学者の重要な役割の1つに、「気の利いた皮肉」をいうということがあります。あえて斜に構えて論じることで、物事のこれまで隠されていた側面が見えてくるからです。社会学者のP・L・バーガーは「気の利いた皮肉」の価値について、「滑稽なものの見方は生真面目な態度では知覚されることのない諸々のズレを明るみに出す」と指摘しています。

満員電車に乗ることは生活の一部となっているため、なかなかそれ自体を疑問に思うことはできません。しかし、自分の乗っている電車が奴隷船並みに過密な空間であり、さらに、サラリーマンは生涯で10回奴隷船に乗れるほどの時間を費やしているとすればどうでしょうか。

現代の日本社会を生きる「市民」である私た

ちが、それほど過酷な状況に置かれているのだとすれば、とりあえず笑うしかありません。この笑いが、満員電車を「仕方がない」「当たり前」とする考え方から距離を取らせてくれるのです。

満員電車の混雑具合を奴隷船と比較するのは不謹慎だという意見があるかもしれません。ここで重要なのは、加藤さんの議論が単なる皮肉や嫌味ではなく、社会的に価値のある問題提起になっていることです。

生真面目な人をバカにしたいのではありません。ただ、P・L・バーガーは次のようにいっています。「ユーモアの欠如はひとつの知的ハンディキャップということになる。だからこそ、ユーモアの欠けた人間は憐れむべきである」。愚直に正面から見つめているだけでは、自分たちの抱えている問題の全体像をつかむことはできません。閉塞的な状況の現代の日本社会には、正論よりも知的に洗練された「気の利いた皮肉」が必要なのです。

画一的な服装から抜け出せるか

満員電車と同様に、働く男性たちのスーツにネクタイというスタイルは、なかなか見直しが進みません。サラリーマンの画一的なファッションは、やや大袈裟にいえば「型にはまった男性の生き方」を象徴しているように思えます。

1979年に、官庁ではノーネクタイなどの軽装に切り替えることで世間に省エネを訴えました。政府が石油節約のために、夏場の冷房温度を28℃に設定するように呼びかけていたからです。

そこで、半袖スーツの省エネルックが登場することになります。日本の夏は高温多湿ですから、少しでも涼しい服装をした方がいいに決まっています。当時の大平正芳首相が自ら着用してアピールしました。

省エネルックは、半袖のジャケットというかなり斬新なデザインでした。「なぜそこまでして上着を羽織る必要があるのか」という疑問に誰も答えられなかったからでしょう。残念ながら実際にサラリーマンが袖を通すことはなく、翌年には世の中から忘れ去られました。

最近では、夏になると若い男性のハーフパンツ姿を街で見かけるようになりました。だらしないと批判する人もいるでしょうが、男性がスカートをはく文化のない日本では、涼しく過ごそうとすればハーフパンツは当然の選択です。

男性のハーフパンツについて、女性からは「すね毛が許せない」という声も聞こえてきています。女性と比べて男性向けエステの広告はまだそれほど見かけませんが、男性の全身脱毛が義務になる日は近いかもしれません。

それはともかく、私服でさえ軽装が受け入れられているわけではありませんから、クールビズが定着した現在でも、ビジネスの場面でどの程度まで崩していいのか悩むところです。

「男のクールビズNGは…」という日本経済新聞の記事には、次のようなアドバイスが書かれています。「ポロシャツは禁止している職場もある。自分の職場だけでなく、訪問先のルールも確認して着こなそう。蛍光色など派手な色や柄は避ける。素材は綿100%が基本だ」（日本経済新聞2014年5月26日夕刊）。

ここまでNGがあれば、結局はスーツにネクタイが「無難」という結論に落ち着くサラリーマンの方が少なくないはずです。あるいは、せいぜいデパートの専用の売り場で、「失礼のないクールビズ」を一通り揃えるのが関の山でしょう。

よく考えてみて欲しいのですが、ポロシャツで勤務した結果、「失礼だ！」と取引先から激怒され、会社に致命的なダメージを与えた社員はどれくらいの数いるのでしょうか。ポロシャツを否定するのであれば、具体的な事例を集めるべきです。

あるいは、最近では、速乾性や消臭効果があるため、ポリエステルやポリウレタンなどの化学繊維を使用した洋服が発売されています。そういった効用を無視してまで、真夏に綿１００％を選ぶ合理的な理由があるのでしょうか。

省エネルックは失敗し、クールビズは成功しているように見えます。しかし、どちらも誰がいったかもわからない「ビジネスマナー」に支配されているという点では同じです。

もちろん、スーツにネクタイでビシッと決めなければいけない場面はあります。そうした状況を否定しているわけではありません。考えることを放棄して、ただ慣習に従って「失礼のない」画一的な服装をしていることを問題視したいのです。

その時々でどのような服装が適切なのかを自分で判断できる。この程度の判断力と想像力は、ビジネスに携わる人間が持っているべき資質のはずです。

台風の日は出社するのを止めましょう

台風接近のニュースでは、台風の規模や進路と同時に、都心のビジネスホテルやカプセルホテルが満室だという情報が流れてきます。そして、翌日のテレビには、「今日は朝の5時に家を出ました」と駅でインタビューに答えるサラリーマンの方が登場します。

ここで問いたいのは、なぜそこまでして、朝9時に会社にいなければならなかったのかということです。スーツとネクタイの場合と同様ですが、必要のあるケースを否定するわけではありません。

しかし、何の目的もなしに、前日から宿泊するにせよ、早朝に家を出るにせよ、朝9時が始業時間である以上、どのような状況でもその時間には会社に到着しなければならないと考えているのであれば、その行動は見直す余地があります。

男性の働き方が画一的になってしまう理由として、時間と場所の制約の影響は無視できません。朝9時には何があっても出社という会社で働いていれば、そこを中心に生活を組み立てざるをえないからです。

その結果、台風のような自然災害だけではなく、子育てや介護、あるいは自分自身の体調といった様々な問題を無視しても朝9時には会社にいることになります。

育児休業の話で紹介したサイボウズの青野さんが、以前、台風が来た日の社内を撮

台風時のサイボウズ社内風景

青野慶久
@aono
フォロー中

雨が止んだので子供たちを保育園に送ってから出社。自席の周辺に誰もいなくて笑える。電気をつけるのも申し訳ないくらい。今日は午後からガートナーのカンファレンスに登壇するので準備に入ります。

影していツイートをしていました。「自席の周辺に誰もいなくて笑える」と書いてあります。

　社長が空席を写真に撮ってツイートしているぐらいですから、サイボウズでは台風の日の朝には出社していなくても問題ないわけです。「サイボウズはＩＴ企業だからできるんだ」と、業種の違いを理由にしたい人がいるかもしれません。

　しかし、ここで重要なのは業種や仕事内容よりも、働き方の仕組みと企業文化です。サイボウズでは、「時間の制限あり・なし」と

サイボウズの選択型人事制度

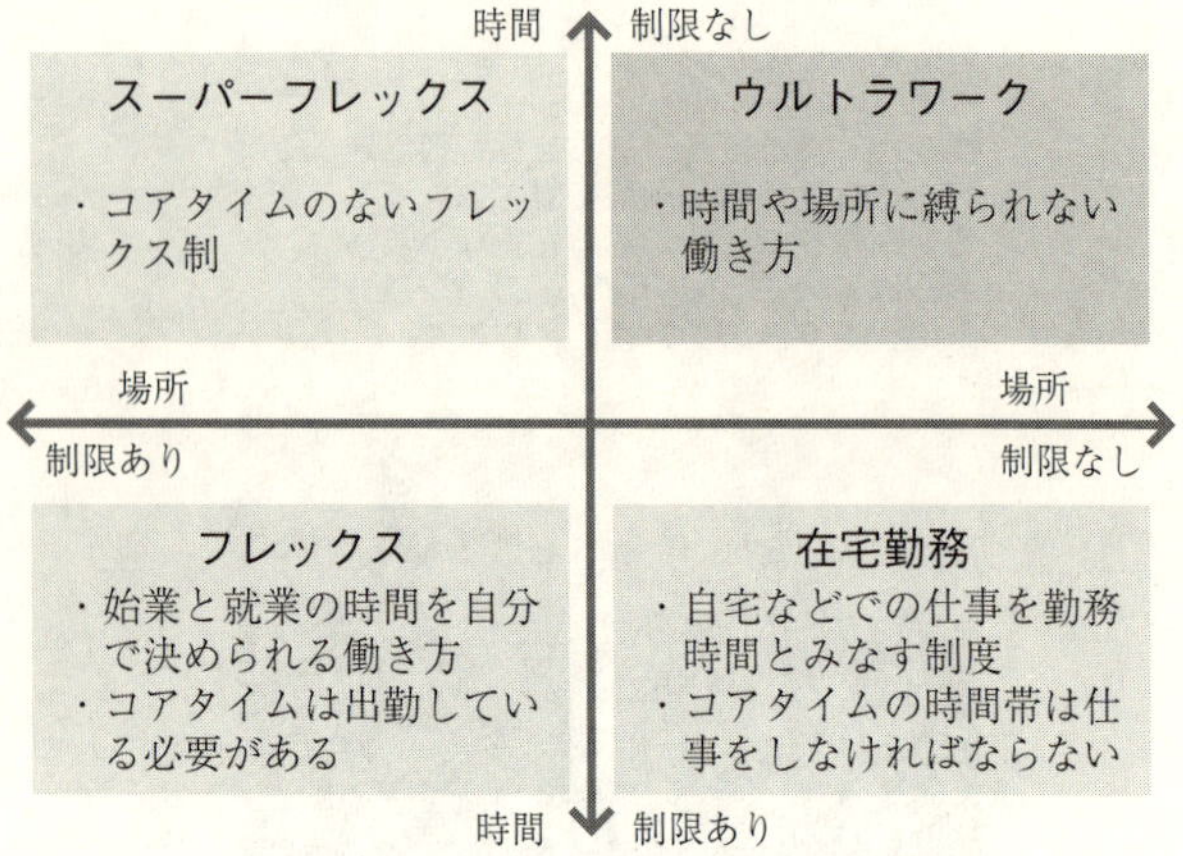
時間
制限なし
スーパーフレックス
・コアタイムのないフレックス制
ウルトラワーク
・時間や場所に縛られない働き方
場所
制限あり
場所
制限なし
フレックス
・始業と就業の時間を自分で決められる働き方
・コアタイムは出勤している必要がある
在宅勤務
・自宅などでの仕事を勤務時間とみなす制度
・コアタイムの時間帯は仕事をしなければならない
時間
制限あり

「場所の制限あり・なし」を組み合わせ、4通りの働き方を採用しています。

多様な働き方を仕組みとして用意するだけではなく、「時間と場所の制約を外してでも仕事はできる」という発想が根づいているからこそ、午後からの出社、在宅勤務といった判断を社員が容易にすることが可能になっているのです。

時間と場所が限定されない多様な働き方が実現すれば、満員電車の問題も解決に向かいます。オフィス街の飲食店が、12時から13時の間だけ大混雑といった状況も改善するはずです。

男性の長時間労働の改善や家事・育児時間の確保は、まだ十分な対策が取られていないだけに伸び代が多く残っています。台風の日は出社しない。このルールを社会に浸透させることをきっかけに、あの手この手で凝り固まった男性の働き方を見直していきましょう。必ず男性の新しい生き方は創造できます。

第3章

結婚がつらい

人は冷静に判断して恋に落ちる

今の日本で結婚といえば、お見合い結婚ではなく恋愛結婚です。そのため、結婚をしたいのであれば、まずは恋愛をしなければなりません。人はどのようにして恋に落ちるのでしょうか。

図書館で棚に手を伸ばすと、同じ本を取ろうとした異性と指がふれ、そして、恋に落ちる。涙を流しながら故郷に向かうバスに乗っていると、後ろから元カレが猛烈にダッシュして追いかけてくる。ベタですね。

私たちはこのように恋愛をロマンチックなものとして考えがちですが、現実はそうでもないようです。社会心理学者で『愛するということ』の著者であるエーリッヒ・フロムは、「恋に落ちる」という現象について次のように述べています。

ふつう恋心を抱けるような相手は、自分自身と交換することが可能な範囲の「商品」にかぎられる。二人の人間は、自分の交換価値の限界を考慮したうえで、市場で手に入る最良の商品を見つけたと思ったときに、恋に落ちる。

フロムは、自分とつり合いがとれる範囲で最高の相手が出てきた時に、人は恋に落ちるといっています。誤解しないで欲しいのですが、フロムはこのような恋愛のあり方を良しとしているわけではありません。

何もかもが商品化されるような社会では、恋愛が資本主義的な交換のパターンに当てはまるのも当然だといっています。気の利いた皮肉をいうことで、人々に注意を喚起しているのです。

実際、多くの人が、カップルを評価する時につり合いを気にしています。わかりやすいのは見た目です。街中で美人がさえない外見の男性と仲良く歩いていると、「オレの方がお似合いなのに……」と歯ぎしりする男性は少なくないはずです。

ちょっと現実的な話をすれば、結婚を意識するような恋愛では学歴が重要な要素になっています。学歴の近い人同士が結婚することは、統計的に確認できる事実です。

また、年齢も見逃せません。国立社会保障・人口問題研究所が２０１０年に実施した調査では、夫婦が「出会った年齢」の平均は、夫25・6歳、妻24・3歳です。そして、だいたい4年ほどの交際期間を経て結婚しています。

20歳代半ばに「運命の相手」に出会えるのは、30歳前後で結婚しようと逆算しているからです。恋が理性を超えて「落ちてしまう」ものであれば、適齢期など存在しません。

ちなみに、同じ調査で「出会いのきっかけ」について見ておくと、「職場や仕事で」と「友人・兄弟姉妹を通じて」がそれぞれ30％程度を占めており、「学校で」は10％程度にすぎません。

これらのデータから、学生カップルのほとんどは別れてしまうという事実が明らかになります。「井の頭公園のボートに乗ると別れる」と噂されていますが、どうせ別れるのですからこれからは安心してボートを漕げばいいでしょう。

念のためいっておきますが、若いカップルに嫉妬しているのではありません。今の相手を本当に大切に思うのならば、ほとんどの学生カップルは別れてしまうという現実を知った上で、二人の関係をしっかり育んでいって欲しいと心から願っているのです。

恋愛が若者の義務になっている

恋愛と結婚は別なのか。よくある疑問ですが、現代では「結婚を意識しない恋愛」

と「結婚を意識する恋愛」は違うと理解するのが適切です。恋愛結婚が普及した頃は、「結婚を意識する恋愛」だけが認められていたので、これは大きな変化だといえます。

結婚から独立して、恋愛はそれ自体で「楽しめるもの」になりました。このようにいうと聞こえはいいのですが、恋愛は「楽しまなければならないもの」になりつつあります。恋人のいない大学生は、「彼女いないの？」としばしば親から心配されるそうです。

高校生に「大学生の何％ぐらいに恋人がいると思う？」と尋ねたことがありますが、「80％！」と元気よく答えてくれました。高校生はリア充なキャンパスライフを思い描くものなのですね。しかし、実際に交際している大学生は30％程度です。大学生にもなれば恋人がいるのが当たり前のように思われています。

数の上では圧倒的に優勢であるにもかかわらず、恋人のいない男女は劣等感を抱きます。恋愛をめぐる認識の現状は、数の大小と勢力の強弱はまた別ということを示す好例です。

ところで、恋人がいないといった際に、「彼女いそう」という言葉をかけられることがあります。この場合、いった側には恋人がいるはずです。この言葉は、「あなたには今彼女がいないようだけれど、それだけの能力があることはわかっているよ」という意味だと解釈できます。

性別にかかわらず、率直な気持ちとして恋愛に関心のない人はいくらでもいます。それを伝えても、恋人がいる人からは上から目線で、「素直にならないと」とアドバイスされることもしばしばです。

ここに現代の恋愛の恐ろしい点があります。「恋人のいる・いない」が「能力の高低」と結びついて理解されてしまっているために、恋愛に興味がないという態度が許されないのです。

恋愛に無関心な人にとって困った状況ですが、女性の方が上手くやりすごせているように思います。クリスマスなどのイベント時でも、恋人のいない同士での女子会は盛り上がっているようです。

それに対して、男だけでクリスマスを過ごしたり、ディズニーランドに行ったりすることは、どこか哀れな印象を与えてしまいます。「恋人がいない＝能力が低い」という認識は、幼い頃から競争を宿命づけられてきた男性にとってより深刻な影響を与えているのです。

恋愛の難易度が上がっている

結婚に結びつかない恋愛が許されるようになり、それ自体として楽しむものになったことは、恋愛の義務化だけではなく高度化をもたらしました。実際に、女性が男性に求める条件は厳しくなっています。

社会学者の谷本奈穂さんは、雑誌が恋愛をどのように扱ってきたのかを、70年代と90・00年代で比較しています。まずは今も昔も変わらない項目から確認していきましょう。

やはり、女性には「外見の良さ」が求められています。「男性は見る側／女性は見られる側」という図式はなかなか崩れません。化粧の時間が長いと嘆く前に、男性は女性ばかりが外見的な魅力を要求される現状について考えるべきです。

少し話題が逸れますが、この論点についてちょっといっておきたいことがあります。以前、街を歩いているとホットパンツをはいた女の子をガン見しながら、「ぐへへたまんねえな」といっているおじさんがいました。少しも盛っていません。一言一句この通りにいっていたのです。

あまりに驚いて私がおじさんをガン見していると、おじさんもこちらを向き、結果的にしばらく見つめ合うことになりました。「目があったら微笑みかけよう運動」を日頃から実践している私ですが、この時ばかりはさすがに笑顔を作ることはできなかったことを後悔しています。

ファッションに関して、女性は男性よりも同性を意識していますし、自己満足のためと考えている人も大勢います。しかし、本人がどう思っていたとしても、他人の視線まではコントロールできないことを頭に入れておいてください。

さて、話を戻します。男性に求め続けられているのは、「能力の高さ」と「女性をリードすること」です。本書では何度も出てくる話題ですが、「男性はリードする側／女性はリードされる側」というのは本当に根強い男女間のルールなのです。

90年代以降についてですが、実は女性の方にはあまり変化がありません。外見の良さと「女らしい」や「かいがいしい」といったリードされる側としてふさわしい性質が求められています。

一方で、男性については大きな変化がありました。現代の男性に求められている新たな能力が「やさしさ」です。ただし、リードする側としての期待は同じですので、「普段はやさしいけど、いざという時は頼りになる」ことが必要です。男性の立場からいわせてもらえば、これは非常に難しいお題です。

リードする側である男性は、女性から頼りにされています。そのため、多少の強引さは男性として魅力的であり、結婚や家の購入など重要な事柄については、自ら決断を下さなければなりません。その一方で、現代では、常に相手の気持ちに配慮できるようなやさしさも持ち合わせていることが求められています。

強引さとやさしさの間を、相手の気持ちを察しながら柔軟に往復できるような男性がモテる時代がやってきた。そうだとすれば、恋愛を諦める男性がいても不思議ではありません。テレパシーや予知能力でも身につけないかぎり、この要求にこたえることが不可能に思われるからです。

ここで、最近は女性の立場が強くなり、男性は虐げられるばかりだと嘆いてはいけません。長年に渡って、男性は女性に美しさや従順さを求めてきたのです。恋愛の高度化に歯止めをかけたいのであれば、お互いに歩みよる必要があります。

要望を増やしすぎてはいけない

恋愛や結婚に求める理想が高くて何が悪い。そのように思われる方もいるでしょう。

気をつけていただきたいのは、恋愛や結婚の入り口の段階での問題を論じているのであって、恋愛や結婚に理想を抱くことを否定しているわけではありません。恋愛や結婚生活が始まってからであれば、大いに理想を抱くべきです。

事前に要望を増やしてしまうと、どのような問題があるのか考えてみましょう。例えば、ある男性が恋人に「年下で、やさしくて、色白」という条件を設定しているとします。

まず、単純に自分が損をします。このケースでは、年上の女性が恋愛対象から外れます。また、色黒の女性についても同様です。色眼鏡で女性を見ることで、恋人ができる可能性を低くしてしまっているわけです。就職の話と同様ですが、「自分にふさわしい相手はこのような女性だ」と決めつけてしまうことで、自ら進んで不自由になっていっているのです。

また、先ほど色白という外見上の特性をあげましたが、単に肌が白いだけではなく、体毛が丁寧に処理されていることが条件になっているはずです。やはり男性は女性に夢を見すぎなのだと思います。

体毛の濃さは個人差があるものです。男性でも濃い人もいれば、薄い人もいます。

女性だって同じです。だから、一年中、電車内では女性向けに脱毛の広告を見かけることになります。男性は、脱毛にかかる金額、期間、あるいは身体的な負担についてあまりに無関心です。

結局、最大の問題は、交際が始まる前の様々な女性に対する要望が、自分で考えたものではないことです。「年下で、やさしくて、色白」の女性を全ての男性が求めなければいけない理由はどこにもありません。

世間一般でどのような女性が美しいとされているかとは別に、自分なりの好みをしっかり見極められるようになってください。そのためにはまず、先入観を持たずに女性と接することが大切です。

私たち男性は、女性を性的な魅力で評価することに慣れすぎてしまっています。女性のためだけではなく、自分がいい相手に巡り合うためにもこの習慣を変えていきたいものです。

「若さ」という女性の魅力について

それにしても、なぜ男性は若い女性が好きなのでしょうか。生物学的な宿命として、男性は子孫を残そうとするから、若い女性が好きなのは仕方がないという言い訳を耳にします。浮気でも同じような弁解が主流です。

まず、こうした男性に聞いてみたいのが、生物学についてどれだけの知識があるのかです。生物としての男性の本質を理解しているからには、まさか中学校や高校で習ったことがあるというレベルではありませんよね。DNAに刻まれているといい出す男性もいますけれど、DNAに刻まれるとはどのような状態なのでしょうか。ぜひ詳しく教えていただきたいものです。

少し回りくどい言い方になりましたが、要するに、女性は男性の戯言につき合ってあげる必要はありません。若い女性が好きだったり、浮気をしたりするのは本人の責任です。そこに性別は関係ないのです。

そして、男性の方々はこのように客観的に記述されると、いかに「生物学的に」という言い訳が恥ずかしいものであるかわかったのではないでしょうか。今後は控えるようにお願いします。

この議論を深めるために、女子高生について少し考えてみることにしましょう。国民的アイドルグループは、女子高生の制服を連想させる衣装を身にまとっています。

ここで期待されているのは、単なる若さではなく清純さです。端的にいえば、「性的な経験がない」ことがアイドルには求められていて、それを象徴する衣装が女子高生の制服というわけです。

男性が女子高生に反応してしまうのは、若さよりも「性的に初心《うぶ》であること」を期待しているからです。気色の悪い表現をすれば、女子高生を自分色に染めあげたいということでしょう。

90年代には援助交際が社会問題になりました。現在でもＪＫビジネスと名前を変えて、同じことがくり返されています。性からは遠い存在であるはずの女子高生と、性的な行為をする自分。このギャップに男性はお金を払い続けているのです。

気になるのは、90年代も現在も売る側の女子高生にばかり注目が集まり、買う側の男性についての議論がほとんどないことです。もちろん、なぜ女子高生が性を売るのかを問う必要はあります。しかし、同じように、男性がなぜ女子高生の性を買うのかも考えなければならないはずです。

あまりにも女子高生やそれを連想させる衣装に魅力を感じる男性が多いので、たまに現実の女子高生を観察してみるのですが、アラフォーの私からすれば本当に子どもであり、性的な魅力を感じる要素は皆無でした。

現実の女子高生は子どもです。それにもかかわらず、女子高生という単語を聞いただけで、性的な興奮を覚えてしまう男性がいます。本当に重症です。早く目を覚ましてください。

浮気は本当に楽しいのか

先日、ある芸人さんのラジオを聴いていたら、「女性は男性の浮気を一回ぐらいは許してくれる印象がある」と発言をしていました。男性の浮気は、女性が許してくれるだけではありません。社会全体に男性の浮気はある程度までは仕方がないとする風潮があります。

浮気が発覚した時、俳優さんの場合は、厳粛な表情を浮かべながら謝罪会見をします。基本的にはそれでほどなく仕事に復帰できます。芸人さんであれば、笑いをとるネタにすることさえ可能です。自宅に女性を連れ込んでいたら、帰ってくるはずのない妻が帰宅し、浮気相手をクローゼットに隠した。このようなエピソードがあれば、間違いなくすべらない話に仕上げてくれるはずです。

しかし、バラエティータレントとして売れっ子だった女性の浮気が発覚した時、世間の反応は非常に冷たいものでした。しばらくの間は芸能活動を自粛することになり、復帰した後も以前のように明るくふるまうことが難しいようです。

このように、男性が性に奔放であることが許され、女性には貞淑《ていしゅく》さが要求されることを、専門用語では性の二重基準といいます。男性と女性では性に関して別の基準で評価がなされるため、同じ浮気という行為でもリアクションが違うわけです。性の二重基準は、今の日本社会にも残る明白な女性差別の1つです。

先ほどお得意の「生物学」は封じ込めました。その上で、男性にだけ性的な奔放が許されている事態を正当化できる論理はありますか。もし浮気がしたいのであれば、女性にもその自由を認めるべきです。それができないのであれば、自分がされて嫌なことは止めましょう。

そもそも、二股は楽しいものではないと思います。恋人や妻に嘘をつき続けることになりますし、クリスマスなどのイベント時には厳密なスケジュール管理をしなければなりません。出かける場所も制限されます。

浮気しながら、何をしているのか訳がわからなくなっている男性は少なくないはずです。男なら浮気ぐらいするべきだなどという思い込みで、自分自身までも不幸にしているかもしれません。この機会によく考えてみてください。

浮気に関しては、相手になる女性にアドバイスしておきたいことがあります。「彼女になれるように頑張る！」などと言う女性がいます。浮気をしている男性からすれば、つき合っていないのに性的な関係を持てるのが利点であって、わざわざ彼女にする意味がありません。「別れる準備をしている」などという言葉に騙されてはいけません。

冷酷なようですが、都合のいい女を恋人や妻に昇格させる理由がないのです。世の中に男性はたくさんいます。しかも、統計的には同年代で10万人以上の男が余っているのです。勇気を持って新しい一歩をぜひ踏み出してください。心から応援しています。

なぜ男性は女性に謝れないのか

浮気にかぎらず、迷惑をかけたのであれば謝るのが当然です。しかし、男性はなかなか人に頭を下げることができません。企業が不祥事を起こした際にも、どうしてもっと早く謝罪会見をしないのかと不思議に思うことがよくあります。しかも、わざわざ会見を開いておきながら、不服そうな態度をしている「お偉いさん」がいます。さすがに社会的に立場のある男性は立派です。

男女の話に戻します。本書の前半で、男性は見栄っ張りだという話をしました。競争するように育てられてきたので、男性はどのようなことでも人より上回らなければならないと考える傾向があります。謝ったら何となく女性に負けた気がする。要するに見栄の問題が男女の間にも生じているのです。

女性の立場から考えると、自分が迷惑を被ったあげくに、下に見られているから謝ってもらえないということになります。これでは愛情が冷めていったとしても不思議はありません。継続的な関係を作りたいと思うのであれば、男性は見栄を張るのを止めて、素直に謝罪をするべきです。

大切なのは実践です。何か思い当たる節のある男性は、今すぐ恋人や奥様に謝ってみましょう。

ちなみに、「せっかく謝ってみたのに許してもらえなかったじゃないか！」という苦情は募集していません。なぜならば、謝罪を受け入れるかどうかは相手の気持ち次第だからです。

謝罪とは自分の非を詫びることであって、必ずしも許しとセットになるとはかぎりません。許してもらえなかったからといって感情がかき乱されるようであれば、まだまだ修行が足りないのです。見栄っ張りを卒業するまでの道のりは険しいものになりそうです。

アラサー男性は本当に結婚したい？

独身者は「本当は結婚したいのにできない」という話を聞いたことがあると思います。「婚活」が注目された2000年代の後半ぐらいからは、国立社会保障・人口問題研究所の調査データに基づいて、具体的な数字と共に語られるようになりました。

90％近くの独身者が結婚の意思を持っている。にもかかわらず、これだけ未婚化が進んでいるのだから、何かしらの対策を打ってあげなければならないと議論は展開していきます。

現在、アラサー男性の半数近くは未婚です。このようなニュースを聞けば、「自分もそろそろ焦らなければいけないのか」と煽られるのも当然でしょう。何しろ、90％は圧倒的な迫力です。

気をつけてもらいたいのは、どのような質問がこの数字を導いているのかです。実は、選択肢が「いずれは結婚するつもり」と「一生結婚するつもりはない」だけなのです。いくら何でも結婚する意思を調べるための質問として不十分だといえます。

例えば、私はドリアンを食べたことがありません。においがキツイと聞くので、おそらく食べないまま生涯をすごすと思います。それでも、選択肢が「いずれは食べるつもり」と「一生食べるつもりはない」の2つであれば、前者を選ぶでしょう。なぜ、「一生食べない」とわざわざ誓わなければならないのでしょうか。

社会調査では質問の作り方や並べ方によって、ある程度までは回答の割合をコントロールすることができます。インパクトのある数字を目にした時には、ぜひこのことを思い出してください。

むしろ注目するべきなのは、もう1つの選択肢です。まだまだ結婚するのが当たり前の日本で、10人に1人近くの独身男性が「一生結婚するつもりはない」と生涯独身を宣言しているわけです。

一般的には、「強がっているに違いない」や「開き直ったな」と解釈されそうなデータです。しかし、仕事と同様に結婚についても、これまでの常識は変化していることを忘れてはいけません。

一人が好きでもいい

カップルを対象にしたイベントがたくさん用意されている世の中です。そのため、恋人がいないことや結婚していないことに対して、コンプレックスを持つ男性がいたとしても無理はありません。

親しい女性はいないけれど、友だちに恵まれているから大丈夫という人もいるでしょう。結婚した友だちが増えてしまい遊びには誘いづらいという場合でも、何かしら趣味の集まりに参加していれば人と交流する機会を持つことができます。さらに突き詰めていけば、逆に一人だからこそ楽しめることはいくらでもあります。

例えば、カラオケです。通常、カラオケボックスは、人数分の料金を取られますが、人が増えれば増えるほど自分が歌える機会は減ります。存分に歌いたいという気持ちを満たすためには、一人カラオケが最適です。

映画鑑賞も人を誘ってしまうと、相手の好みに配慮しなければなりません。一人であれば、話題作を選ぶ必要もありませんし、同じ映画をくり返し観ることもできます。要するに、一人での行動にはそれなりにメリットがあるということです。

暮らしについても同じです。家族に囲まれた生活が好きな人もいれば、一人暮らしで自分のリズムを守りたい人もいます。重要なのは、自分がどのような生活を送りたいのかをしっかり理解することです。

結婚を心から望んでいて、不本意ながら独身を続けている男性もいるでしょう。ここではっきりさせておきたいのは、なぜ結婚したいのかということです。世間体を気にして「誰でもいいから結婚したい」と思っているのであれば、単純に女性に失礼です。女性はあなたの地位を向上させるための道具ではないからです。

そもそも、結婚すれば幸せになれるという考えほど安易なものはありません。誰とペアになるかによって、結婚の中身は全く違ったものになるはずです。常識を信じ込み、形式だけ整えても幸せにはなれないことをそろそろ私たちは理解するべきです。

中年シングルが感じる居心地の悪さ

そうはいっても、確かに中年シングルに悩みが多いのは事実です。世間ではまだまだ結婚するのが「普通」という常識が根強いために、とりわけ若者扱いされなくなる30代の後半ぐらいからは、様々な場面で居心地の悪さを感じることになります。

典型的なのは住宅です。一人暮らし用の物件は若者向けが中心なので、中年の一人暮らしは浮きます。独身のあげくに、安い物件に住んでいる可哀想なおじさんと思われてしまうのではないか。そうした不安に耐えながら暮らすのは厳しいものがあります。

かといって、ファミリー向けの物件に引っ越すと、まわりは家族で暮らしているので、ここでも居心地の悪さを感じることになります。家族ぐるみでおつき合いをしている住人が多いなら、なおさら孤立を感じるでしょう。現状では、中年シングルが安心して暮らせる物件はなかなかありません。

『カイジ』で有名な福本伸行さんが、44歳の独身男性を主人公にした『最強伝説黒沢』というマンガを描いています。土木作業に従事する主人公の黒沢は中年シングルの居心地の悪さについて次のようにいっています。「公園に限らない。喫茶店に行こうが、映画館に行こうが。オレたち…未婚の中年独身者は、妙に浮いてしまっていて、居場所がない…どうしてもそう思えてしまう…この肩身の狭さってなんだ…?」。

『最強伝説黒沢』© 福本伸行／小学館

こうした不安を単なる被害妄想として片づけることはできません。仕事に加えて、結婚が今でも「男らしさ」を証明するための重要な要素になっているからです。フルタイムで働いて、家族を養い守る。中年男性に期待されているこの役割が果たせていないために、どこにいても居心地の悪さを感じてしまうのです。

そのことを実感させる黒沢のセリフがあります。「カップルはそれほど、気にならなくなった。それよりたちが悪いというか…目に痛いのは、子供連れだ…！オレの人生がもし…平均的というか…ごくまともに推移していたならば…今頃は……」。

「今頃は…」の後にセリフは続きませんが、見ていただければわかるように、結婚して子どもがいただろうと考えているのです。

40歳をすぎて独身なのは、本人に何かしらの欠陥があるに違いない。単なる偏見ですが、いまだにこうしたことを平気で口にする人がいます。本人は結婚しているはずですから、自分は「まとも」だといいたいのでしょう。このように考えていくと、恋愛以上に「既婚／未婚」は「能力の高低」と関連づけて考えられていることが分かります。そのため、黒沢のような中年の独身男性は、自分が何も達成できていないと焦燥感を抱いてしまうのです。

女性を「口説く」のは禁止です

つき合うまではやさしかったのに、彼氏になったら何もしてくれない。こうした女性からの愚痴をしばしば耳にします。「釣った魚には餌をやらない」といった酷い表現をされることすらあります。

その一方で、多くの男性が、どうやって女性とお近づきになろうかと悩んでいます。よほどのことがないかぎり、女性からのアプローチは期待できません。ですから、好意を抱く女性を口説くしかないと考えるわけです。

ところで、口説くとは辞書によれば、「異性に対して、自分の意に従わせようと、しきりに言葉で迫る」ことだそうです。簡単にいえば、男性が恋人になりたいという願望を女性に押しつけようとする行為なのです。辞書には言葉と書いてありますが、これに一般的にはプレゼントや食事などが含まれています。

女性は、よく口説かれるなどといって喜んでいる場合ではありません。あなたはモテているのではなく、相手の一方的な気持ちに従うことを求められているのです。自分の意志をしっかり持ってください。

男性の側からすれば、あの手この手を使って女性からの同意を得るまでが重要なミッションです。だから、口説いた後にやさしくする必要はないというわけです。

この問題に関しては、明らかに「男性はリードする側、女性はリードされる側」という常識が世の男女を不幸にしています。女性からすれば、つき合ったあとに物足りなさを味わうことになります。男性の立場でいわせてもらうと、恋人になるまでの負担が重すぎます。

そして、こうした仕組みの中では、やたらと女性を口説く男性が、恋人を作ることができてしまいます。結果として不幸な女性が増えるだけです。

さらに、やさしくて性格はいいけれども内気な男性はおつき合いできないことも問題です。私がインタビューしたある男子大学生は、恋人ができたことが一度もありませんでした。しかし、話を聞いていると、しっかり勉強をしているし、真面目だし、何より気配りができる男の子でした。

彼女ができたら大切にしたいと心から思っている様子でしたが、「リードして欲しいといわれるのが一番つらいと思います」と漏らしていました。そして、「だから恋愛はあきらめているんです」と続けました。こうしたタイプの男性と相性のいい女性は必ずいるはずです。「口説く／口説かれる」というやり方以外でも、男女が仲良くなる方法を見つけていく必要があります。

木暮君の良さを理解してもらいたい

目立たず、積極的でもない男性が女性に好かれるためにはどうすればいいのか。よほどのことがないかぎり、女性からのアプローチが期待できない現状では、かなりの難題です。私たちにできることがあるとすれば、謙虚な男性の良さを社会に広めてい

『スラムダンク』（集英社）© 井上雄彦　I.T.Planning,Inc.

くことです。

　マンガにはだいたいメガネをかけた地味なキャラクターが出てきます。いわゆる脇役です。だいたい、メガネは真面目で賢く消極的と相場が決まっています。主人公に比べて特に目立つこともなく、人気投票で上位にあがってくることもありません。しかし、物語の中でしばしば重要な役割を果たしています。

　バスケ部に入る学生を劇的に増やしたといわれる伝説のバスケットマンガ『スラムダンク』にも、木暮公延というメガネ男子が登場します。

『スラムダンク』は、主人公の桜木花道以外のキャラクターも個性的で人気がありました。流川楓、三井寿、宮城リョータ。いずれもイケメンで、ウィキペディアを調べてみたところ、みんな独立した項目になっていました。ちなみに、木暮君は「スラムダンクの登場人物」で取り上げられているだけです。

木暮君はグレることもなく部活を続けてきました。体育館で大暴れした三井君とは違うのです。3年間、厳しい練習に耐えてきましたが、1年生たちにレギュラーを奪われ補欠です。

湘北高校バスケットボール部は、個々の能力は高いものの問題児だらけです。誰かが黒子に徹する必要があります。バスケットボールは個人競技ではなく、チームスポーツだからです。木暮君はその役割を文句もいわず淡々とこなしてきました。

地味です。確かに地味ではあります。しかし、魅力的だなと思った女性もいるのではないでしょうか。そうした判断をもっと信じてください。世間でいわれている理想の男性像がどのようなものであっても、自分と相性があうかどうかは全く別問題なのです。

木暮君のような男性がもっと評価されるようになった時、男女共にもっと生きやすい社会が訪れるはずです。消極的な男性もいれば、積極的な女性もいます。そうした個性を認めていないことの方が、よく考えれば不自然なのです。

余談ですが、『スラムダンク』を読んだことのない大学生が増えています。もはや読んだことのある学生の方が珍しいぐらいの状況です。アラサー世代ぐらいまでは必読だったはずですが、これからの新入社員に『スラムダンク』のたとえ話は通用しません。「営業は海南の宮益ばりの粘り強さでやれ」などといっても無駄です。気をつけてください。

ただ、若い人にいいたいことがあります。このマンガを読んでいないなんて人生を損しています。上司と話をあわせるためにも、ぜひ学生のうちに全巻読破しておいてください。よろしくお願いします。

「どうしてわかってくれないの」を受けとめる

せっかく結婚したのに、楽しい新婚生活が始まるどころかいがみ合ってばかり。しばしば男性が理解に苦しむのは、女性の「どうしてわかってくれないの」という言葉です。先ほども述べたようにエスパーでもない私たちは、相手の感情を読み取ることはできません。

男性が「競争」をベースに育ってきたのに対して、女性は「協調」するようにしつけられてきたという話を思い出してください。女性は共感してもらいたいと思うのです。しかも、相手のことを大切に思えば思うほど、その気持ちは強くなるはずです。

どういうことでしょうか。例えば、同じ映画を観たはずなのに、自分とは全く違った感想を持つ人がいます。夢中になって鑑賞した映画を、つまらないといわれれば誰だって嫌な気持ちになるはずです。

それでも、インターネットの口コミだったら、ちょっとイラッとする程度で済みます。他人がどのように感じていたとしても、自分が素晴らしい映画だったと思えばいいからです。

しかし、相手が見知らぬ人ではなく、自分にとって大切な人だったらいかがでしょうか。「この映画の良さをわかってくれないのか……」と失望することになります。見方を変えれば、感じ方の違いが気になればなるほど、私たちは相手との関係性を重要視しているということになります。

多くの男性は女性の「どうしてわかってくれないの」を怒られていると解釈しています。しかし、その理解は間違っています。責めているのではなく、気持ちをわかって欲しいという要望を伝えているのです。

男性は怒られていると思うと身構えてしまいます。夫婦関係は競争でもなければ、戦いでもないのです。妻の機嫌が悪いと嘆く前に、まずは自分がファイティングポーズを解いてみてはいかがでしょうか。

世代交代で変わるのか

結婚や家族についての議論では、若い世代が社会の中心を担う頃には、今よりも多様性が認められる社会になっているはずだという楽観論があります。大学生を対象に「男らしさ」についての調査をしてみると、確かに、昭和生まれの世代からは理解できない男子学生の意識やファッション感覚が存在しています。

まず、食事は男がおごるべきとは考えていません。私が大学生だった90年代の後半には、まだまだ女性におごる習慣はありましたし、最低でも多く支払いをするのが礼儀とされていました。

最も支持された支払い方法は、割り勘ですらありません。食べた分をきっちり払う。これが今時の若者のルールです。自分が700円のパスタを注文し、彼女が800円のドリアを食べたのならば、750円ずつ払う道理はないというわけです。見栄っ張

デート中の食事費用の支払いについて

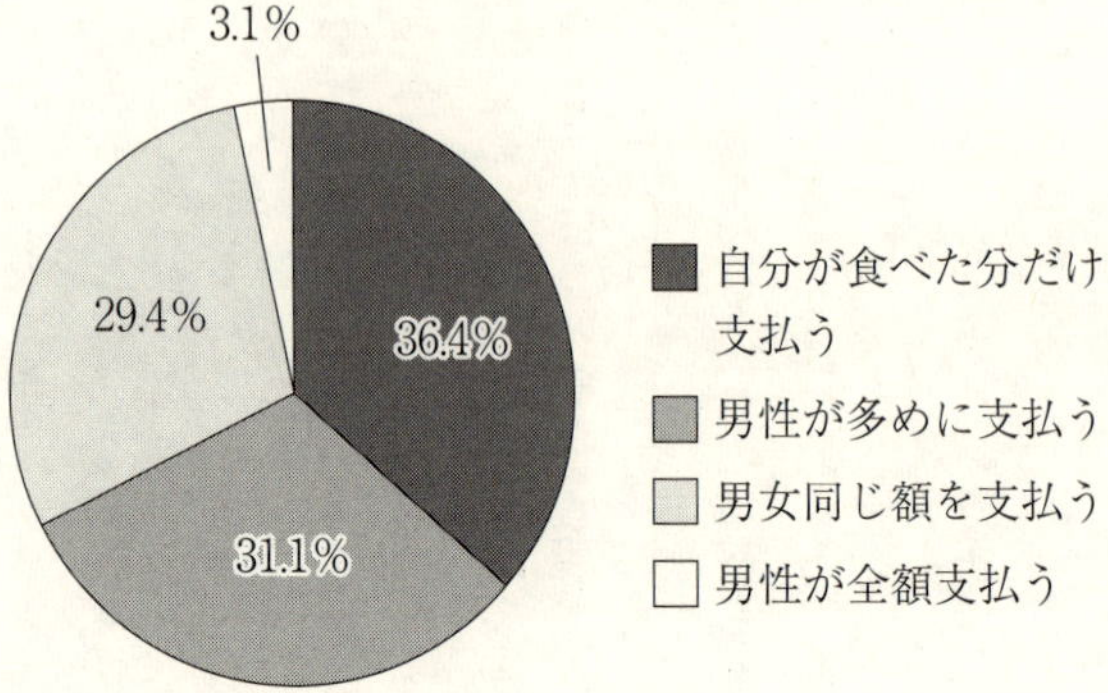

質問：デート中の食事費用の支払いは、
どのようにするべきだと思いますか？

調査方法：筆者が武蔵大学・学習院大学で実施（2012）

りが減ったのはいいことです。

ファッションについては、眉毛を整えるのは常識となっています。90年代後半に資生堂が男性向けに眉毛を整えるキットを発売しました。私は興味があったので購入し、しばらく眉毛の手入れをしていました。

しかし、どこに行っても評判が悪く、しばしばからかわれたのを思い出します。今眉毛をきれいな形にしている男子のみなさんは、私のような年長者の屍の上にその自由があることを忘れないでください。

服装はタイトなスタイルが基本です。どう見ても痩せている男の子が、特保のお茶を飲んでいるのを見かけることがあります。減量ではなく、ダイエットをしているのです。総じていえば、最近の男性は女性化しているように見えます。

いかにもメディアが注目しそうなテーマです。しかし、男性学を専門とする立場からいわせてもらえば、重要な変化ではないと断言できます。私たちが彼らに違和感を抱くのは、単に年をとって若者の流行を理解できなくなったからです。それを大袈裟に騒ぎ立てる男性論は無価値に等しいと思います。

むしろ、注目しなければならないのは、何が変わっていないのかです。詳しいデータはまた後ほど紹介しますが、ほとんどの若者は告白やプロポーズといった重要な決断は男性からするべきと考えています。要するに「男がリードする側／女はリードされる側」という図式が全く崩れていないのです。表面的な変化に目を奪われていては、こうした本質を見逃すことになります。

男性の経済力が期待できなくなる若い世代では、必然的に、共働き世帯が増加します。それにあわせて今とは違った家族像が出てくるのは間違いありません。しかし、男性がリードする役割を担ったままであれば、家族像のベースには「男は仕事、女は家庭」が残ります。共働き世帯が増加するこれからの時代を担う家族像としては不十分です。

当たり前とされてきた男性稼ぎ手モデルは終焉の時を迎えたのです。それに対してバージョンアップだけで対応しようとすると、男女のどちらにもしわ寄せがきます。性別に関係なく、柔軟に仕事と家庭を組み合わせていくことが求められているのです。

新しい家族像を作るためには

国は男性の家事・育児時間を増やそうと数値目標を立てています。しかし、長時間労働が改善されなければ、達成することは不可能です。イクメンの話と重なりますが、あらためて確認をしておくと、1日10時間働き、通勤で往復2時間を取られている男性が、さらに2時間を家事・育児に使うとすると計14時間になります。これではいつ寝ればいいのでしょうか。

男性はフルタイムで40年間働く。この常識に切り込まないかぎり、「男は仕事、女は家庭」から脱却することはできません。共働き世帯が大多数になるこれからの時代には、男性が柔軟に家庭での役割を担っていく必要があります。そのためには男性の働き方を根本的に見直さなければなりません。

具体的には、男性でも育児休業や時短勤務が「普通」に選択できるようになる必要があります。ここで「選択できる」という点が重要です。そうした働き方をしなければならないということになってしまうと、特定の生き方を強要することにつながるからです。

今後の社会では、多様性が重要なキーワードになってきます。様々な人がお互いの違いを認め合いながら暮らしていくということです。ここでは夫婦が揃っている家庭の話が中心になってしまいましたが、一人親の家庭が後ろ指をさされる言われはありませんし、独身のまま生きていくとしても肩身の狭い思いをする必要はないのです。

共働きが当たり前、男性で育児休業や時短勤務をしないのはおかしいなどといっては、新しい差別が生まれてしまいます。「男は仕事、女は家庭」でやっていくご家庭もあるでしょうし、真逆の「男は家庭、女は仕事」でも構いません。主夫がいてもいいのです。

また、一度、退職して家庭に専念したとしても、仕事に復帰しやすい環境が整えられている必要があります。こうした社会が実現した場合、仕事一辺倒の生き方だけが許されてきた男性たちは、大きな自由を手に入れることができるのです。

新しい働き方の仕組みが整っても、それを動かす意識が形成されていかなければ無意味です。社会を変えていくための合言葉は、「お父さんが家にいても不安にならない」です。これを肝に銘じて社会を変えていきましょう。

子どもがいない夫婦もいる

結婚してしばらくすると、「子どもはまだなの?」と当たり前のように聞いてくる人がいます。最近では、できちゃった結婚がそれほど珍しくなくなってきたので、入籍の段階で妊娠しているのかどうかを確認されることもしばしばです。両親と子どもがいるのが「普通の家族」だと多くの人は考えています。

現代では不妊に悩むカップルが数多くいます。子どもを作ろうと懸命に努力している最中であったとしたら、悪気なくした質問でも、相手を深く傷つける危険性があります。

しかも、ちょっとした会話で不妊治療をしていると打ち明けるのは難しいので、「まだいいかなと思っているんですよ」といったあたりが一般的な返答のはずです。この場合、子どもを作る意思を尋ねた側は、自分が相手を傷つけたことにすら気がつきません。

女性に対するセクハラになるから気をつけなくてはと思った方は、不妊に関する知識が偏っています。不妊の原因が女性ではなく男性の場合もあるのです。男性不妊という言葉がようやく知られるようになってきましたが、より社会に浸透させていく必要があります。

これを機に、「子どもが欲しくても、できないこともある」「不妊は女性だけではなく男性が原因の場合もある」と頭の中にしっかり入れておいてください。自分の無知のせいで人を傷つけたくはないでしょう。

自分たちの意思で子どもを持たない夫婦もいます。この場合、子育てに時間を取られませんし、教育費もかかりませんから、自分勝手やわがままという印象を抱く人がいるようです。

しかし、夫婦のあり方をどのように形作っていくかは個人の自由です。子どもを持つことは義務ではありません。もし、夫婦だけの時間を大切にしたいと思うのであれば、子どもを持たない選択も十分に納得できるものです。

子どもの有無にかかわらず、重要なのは他人から見て「普通の家族」であることではありません。自分たちがどのような家族になっていきたいのかという問題に対して、真剣に向き合っているのであればそれで十分です。

関係を積み重ねていく

早く結婚して安定したいという人がいます。これは大きな勘違いです。異なる環境で育ち、違う価値観を持つ人と暮らすことは、不安定そのものです。結婚は対立や争いの連続なのです。

結婚して日常から抜け出したいと考える人も少なくありません。これは結婚情報誌『ゼクシィ』のCMのせいで広まった誤解かもしれませんが、結婚式が非日常なだけで、結婚とはまさに日常です。しかも、独身の頃と比較すれば、自分の意思だけで決定できることが大いに狭まった生活になります。

ここまで聞いて自分にはできないと思ったのであれば、無理して結婚をする必要はありません。明らかに向き不向きがあります。それにもかかわらず適齢期を迎えたという理由だけで多くの人が籍を入れるために、幸せになるどころか、かえって不幸になってしまうのです。

それでも結婚したい相手がいる。あるいは、すでに結婚してしまっている。そうした方たちのために、ちょっとアドバイスをさせていただきます。

結婚生活において最も重要なのは、どのようにしていい関係を作っていくのかということです。釣った魚に餌をやらないでは、上手くいくはずがありません。よくいわれることですが、結婚はゴールではなくスタートなのです。

奥様が予想外の考え方をしたり、行動を取ったりしてもがっかりしてはいけません。自分の脳内で勝手に作り上げた物差しで測って、「思っていたのと違う！」ではあまりにも幼稚です。少年少女の片思いであれば、勝手に妄想を抱いていても害はないでしょう。結婚は現実です。そして、今目の当たりにしている奥様の姿が真実なのです。素直に受け入れてください。

頭の中にいる奥様が100点の状態で生活を続けていると、結婚生活は失望の連続となり、やがて冷めきったものになります。理想と現実がズレるたびに減点をしていけば、いずれは0点になるからです。

結婚がスタートなのだとすれば、減点ではなく加点をしていくべきです。清楚だと思っていた奥様が、朝食のパンをやたらこぼしながら食べるとします。もはや本人が食べているのか、シャツが食べているのかわからないぐらいです。シャツに平面ガエルでも飼っているんじゃないか。そんな疑念さえ浮かんでくるかもしれません。「なんてだらしないのだ」と減点するか、「意外にオッチョコチョイでカワイイところがあるんだな」と加点するかで結婚生活の行方が大きく変わっていきます。減点ではなく加点をする。せっかく縁あって結婚したのですから、これを頭に入れて素晴らしい関係を育んでください。

結婚の未来

今すぐに、結婚という制度がなくなることはありません。今後も多くの人が婚姻届を提出して、籍を入れるという形式を選択していきます。しかし、結婚の中身は確実に変化していきます。

よく結婚のメリットとして、自分の子どもを持てるという理由があげられます。しかし、こうした発想は、比較的最近になってから形成されたものです。

少し古いデータを出してみましょう。かつての日本には、自分の子どもがいないのであれば、養子をもらって「家」を継がせるべきという考え方がありました。195

養子をもらってでも、家を継がせた方がよいか

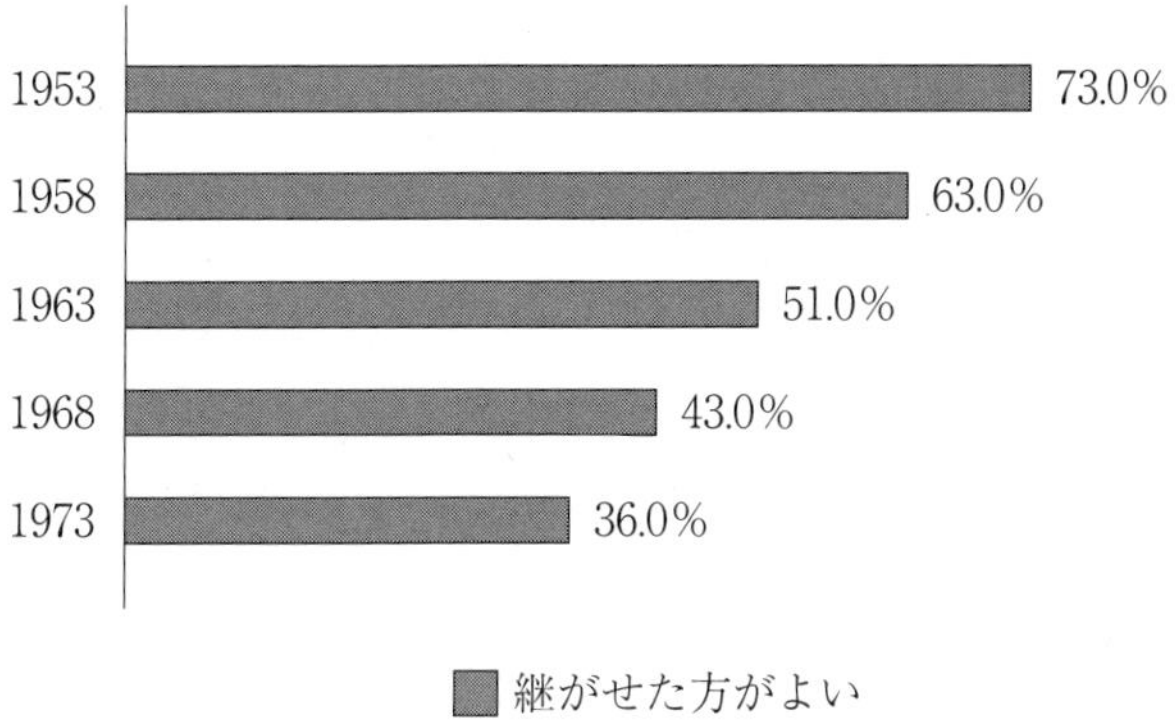

出所：『図説 戦後世論史』（日本放送出版協会）

3年の段階で、この考えに73%もの人が賛成しています。現代を生きる私たちは理解できないかもしれませんが、当時は、血縁よりも「家」を途絶えさせないことの方が重要だったわけです。

そもそも、お見合い結婚が主流だった時代には、相手を選ぶことさえできませんでした。養子の件も含めて、かつての結婚とは当事者たちの意思とはあまり関係のないものだったといえます。

今でも結婚が決まれば、男性が相手の親のところに挨拶に行く習慣は残っています。年齢の差があったり、不安定な職業に就いていたりと様々な理由で、すぐには受け入れてもらえないこともあるで

しょう。しかし、親が許してくれなかったからという理由で別れる人はほとんどいませんし、駆け落ちという言葉はすでに死語になっています。

私たちは結婚に関して大きな自由を手にしているのです。独身の人が増えたり、離婚率が高まったりすることは悪いニュースとして報道されています。しかし、個人の意思が尊重される世の中になったと考えれば、むしろ「いい変化」としてとらえることができます。

適齢期や婚活といった古い結婚観に基づいた言葉に踊らされて、よく考えないままに結婚するのが本当にいいことなのでしょうか。そこで薦められている結婚や家族像が、新しい時代を担うのにふさわしいものなのかしっかり見極めてください。周囲を安心させるために結婚する必要などないのです。

確かに、なぜ結婚するのか、誰と結婚するのか、いつまで結婚をしているのか、と問い続けるのは面倒な作業ですが、自由度の高まった世の中なのですから、自分で考えなければならないことが増えるのは当然です。より正確な言い方をすれば、私たちは結婚について「考えなければならない」ではなく、幸いにも「考えることができる」のです。

第4章

価値観の違いがつらい

激減している暴走族

毎年、荒れる成人式が話題になります。テレビを観ながら、最近の若者はどうしようもないと嘆く大人は少なくありません。特別な日の特殊な事例を取り上げて、若者全般を語るというのはおかしな話ですが、ここで問題にしたいのはそこではありません。

冷静になって思い出してみてください。昭和を生きた世代からすれば、昔はあんなものじゃなかったというのが率直な感想のはずです。1980年前後には、暴走族が大きな社会問題になっていました。

暴走族の人数が最も多かったのは1982年で、その数は42，510人にのぼります。グループ数が712ですから、1つの暴走族はだいたい60人ぐらいで構成されていました。

これだけの集団が、成人の日にかぎらず、毎日のように暴走行為をくり返します。グループ同士の抗争で喧嘩も日常茶飯事です。暴走するだけではなく、暴力も振るっていました。

近年、暴走族の数は激減しています。2000年代には2万人台を割り、2010

暴走族グループ・人員数変遷（1979～1983）

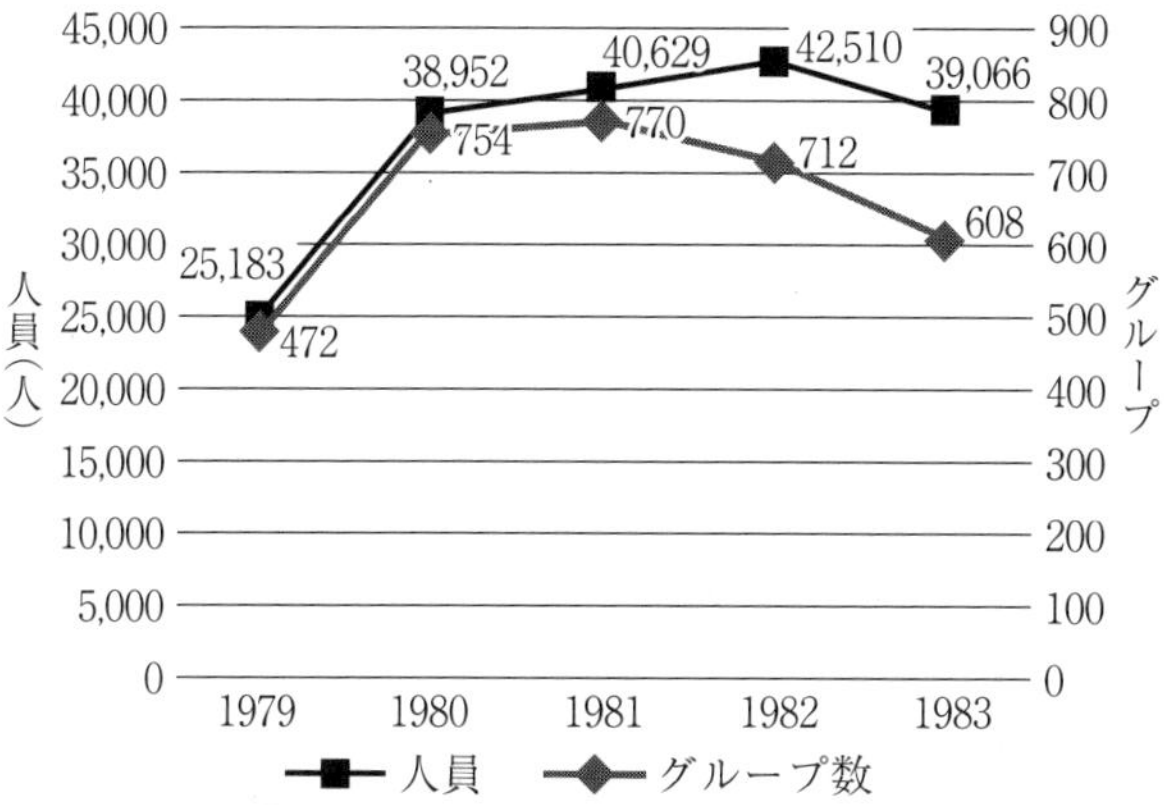

出所：警察庁『暴走族の動向及び検挙状況等について』

年には1万人台を下回りました。そして、2013年ではついに5千人台になっているのです。

なぜここまで暴走族は減ったのでしょうか。もちろん、警察の取り締まりが功を奏した側面があります。ただ、ここでは若者論的な視点から暴走族が減少した原因を追究することにしましょう。

まず、暴走や暴力といった行為、あるいは暴走族的なファッションに対してダサいという感覚が広がったという理由があります。実際、今の大学生に暴走族の映像を観せると「本当にこんなことをしていたのか」と笑いが起きるのです。彼らにとって、暴走族はコントやアニメに

暴走族グループ・人員変遷（2007〜2013）

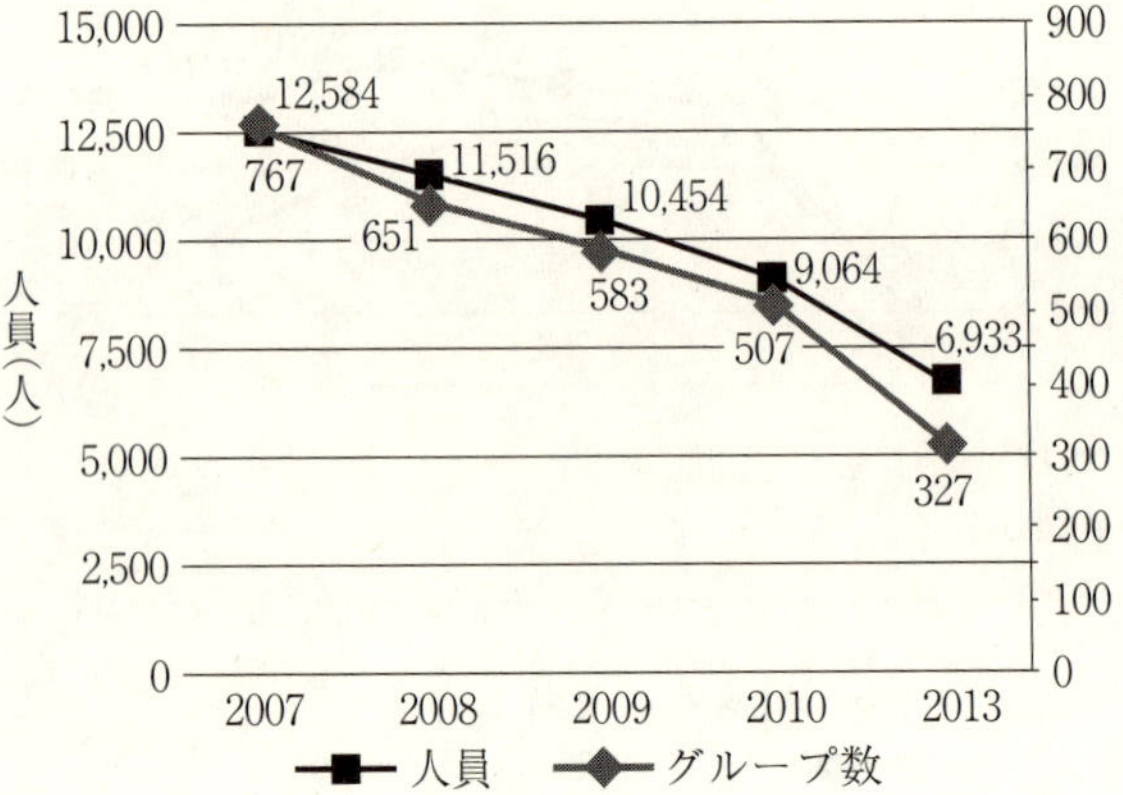

出所：警察庁『暴走族の動向及び検挙状況等について』

登場するキャラクターでしかありません。

つい先日、我が家の近所で暴走族風の若者を見かけました。しかし、たったの二人でしたし、交通ルールを守って赤信号できちんと停車しています。暴走もしなければ、族でもないのです。単純にバイク好きの若者かと思われます。極端な報道に感情を動かされる前に、こうした変化に目を向けなければなりません。

次に、集団行動に抵抗感を持つ若者が増えたことも原因の1つです。暴走族自体の変化からも、そうした傾向はうかがえます。2000年代はじめにまだ2万人近い暴走族がいた時代でさえ、1つの暴走族あたりの構成員数は20人程度になっていました。かつては60人ぐらいだったことを考えれば、若者の間でいかに大きな集団を作るのが難しくなっているかがわかります。

誤解されているかもしれませんが、暴走族は非常に統率のとれた集団です。上下関係は厳しく、基本的に20歳で卒業していきます。また、公道で暴走行為をするためには、役割分担が重要です。例えば、警察をまく係がいたり、十字路での衝突事故を防ぐために道を塞ぐ係がいたりします。要するに、暴走族内部のルールを遵守し、しっかりとした集団行動を取る必要があるのです。なお、妙に詳しいと思われるかもしれませんが、経験は全くありません。

いずれにしても、暴走族的なふるまいはファッションの面でも行動の面でも、現代ではすっかり時代遅れになっています。特に、集団行動に対する価値観の違いは、若者と接する際に頭に入れておいた方がいいと思います。

「昔はワルかった」といってしまうおじさんたちへ

暴走族的なものはすっかり時代遅れなのに、「昔はワルかった」と自慢げに話すおじさんがいます。若者からすれば冗談にしかならないのに、恥ずかしがるどころか、むしろ誇らしげです。遭遇してしまう頻度の高さを考えれば、荒れる成人式よりよほど迷惑な気がします。

第1章で述べたように、「男らしさ」を証明する方法は達成と逸脱の2種類です。特に誇れるものがない中高年男性が、「普通」ではない自分をアピールするために、「昔はワルかった」と逸脱していた過去を持ち出しているのでしょう。ちょっといろいろと残念です。

本当に悪いことをして人に迷惑をかけていたのであれば、それは少しも自慢にはなりません。できれば被害を受けた人たちに謝って欲しいぐらいですが、それは無理だと思います。せめて自分の胸の中に過去をしまっておいてください。

それにしても、かつて数万人単位で暴走族がいたとはいえ、ワルかった自慢をする男性が多すぎると思いませんか。理由は簡単で、大半のおじさんが話を盛っているからそうした事態が発生するのだと考えられます。

いやいや、若い人たちは「昔はワルかった」話をおもしろそうに聞いているという反論があるかもしれません。そのような実感は当然です。今の若者は男女問わず「やさしい」ので、空気を読んで楽しそうに聞いてくれているのです。若者を見守っているつもりが、中高年の世代はもはや見守られる側であることを自覚してください。

中高年男性の逸脱話の典型としては、他にも健康診断の結果が悪かったというものがあります。本来、人間は健康であることが望ましい状態です。人類共通の願いである健康から逸脱しているオレはすごいという論理です。書くのがつらくなるほどのくだらない話になってしまいました。

いい年になったのに何も社会的に達成していないという焦り。それを隠すためのちょっとした逸脱自慢。ずいぶんと批判してきましたが、私自身がアラフォーの中年男性ですから、こうしたおじさんの悲哀は手に取るようにわかります。

しかし、それでも逸脱をアピールするのは年齢的な観点から考えて、恥ずかしいだけです。少年の頃から競争にさらされてきた弊害だと思いますが、そろそろ一緒に卒業しましょう。

おじさんがモテるという証拠はない

最近の若い男子が草食化しているので、女子は物足りなさを感じている。そこで、今「男らしい」中高年男性がモテる。これを信じているとすれば、逸脱自慢以上に恥ずかしい勘違いです。

変な噂が広がっている影響でしょう。若い女性に自分が何歳に見えるかを尋ねる中高年男性が後を絶ちません。理由は簡単で、自分が恋愛対象として認識されているかどうかを知りたいからです。

くり返しになりますが、最近の若者はやさしいので、10歳ぐらいは下にいってくれるはずです。つまり「30歳ぐらいですか？」という返事は単なるお世辞ということになります。言葉通りに真に受けて積極的にアプローチすればセクハラ間違いなしです。

このような悲劇を避けなければなりません。アルバイト先などで問題が起こらないように、女子学生には中高年男性に年齢を聞かれたら、語気を荒げて「年相応だよ！」と答えるように指導しています。

確かに、『ａｎ・ａｎ』（２０１４年7月2日号）で「今、私たちがどうしようもなく惹かれる大人の男」という特集が組まれたことがありました。その特集によれば、「大人の男」とは、36歳から50歳ぐらいで、精神的に余裕があり、見た目に気を使っているギラギラしていない割と男らしい男性だそうです。表紙には西島秀俊さん、他にも大沢たかおさんや長谷川博己さんなどが登場しています。

お聞きしたいのですが、中高年男性のみなさんは年齢と性別以外に、こうした方々との共通点はありそうでしょうか。私も含めて、「全くない」が嘘偽りのない答えのはずです。女性が「どうしようもなく惹かれる」のは「大人の男」ではなく、若い時よりもさらに渋みが増し、演技にも磨きがかかった俳優さんなのです。

何も卑屈になる必要はありません。一般の中高年男性が芸能人と張り合う必要はないのです。プロ野球選手がとてつもなく野球が上手なのと同じで、俳優の男性が特別に魅力的なのは当然です。

もちろん、中高年の男性が彼らのようになりたいと目標にするのは大丈夫です。若い女の子の目を気にするのではなく、自分自身のために見た目や体型に磨きをかけてみてはいかがでしょうか。

やさしい、まじめ、細かいことに気がつける系男子の時代

一昔前の「男らしさ」といえば、乱暴、不真面目、大雑把といった感じです。字が汚かったり、ごはんの食べ方が雑だったりしても、男の子ならば仕方がないと許されてきました。

それに対して、「女らしさ」のイメージは、やさしい、真面目、細かいことに気がつけるといったあたりです。様々な場面で、男性とは違って丁寧なふるまいを求められてきました。今でも女性の視点で開発された商品などという時には、こうしたニュアンスが含まれています。

暴走族がすでに時代遅れになったのと同様に、過去の「男らしさ」は現代では通用しにくくなっています。男女問わず、やさしい、真面目、細かいことに気がつけることが求められているのです。

例えば、企業の方から、最近は、女子の方が優秀だといった話を伺うことがあります。しかし、学生時代を思い出してみればすぐにわかりますが、以前から、学校で宿題を忘れず、授業態度がよく、成績もよかったのは女子です。

自分が経営者として、人を雇うと考えてみてください。性別に関係なく、やさしく、真面目で、細かいことに気がつける若者を採りたいでしょう。企業がかつて「女らしさ」とされていた特性の重要性に気がついたために、女子が元気に見えるというカラクリがあります。

こうした時代の変化に、男子も適応しつつあります。彼らだって優秀だと認められて、自分のポジションを築いていかなければならないのです。とりわけ、就活の時期になると顕著ですが、普段から、やさしい、真面目、細かいことに気がつける男子は大勢います。

企業が求めているだけではなく、女性たちがかつての「男らしさ」を見放しているという側面もあります。男女が明確に二分されていた時代には、女性がいいかげんな男性のお世話をするといった関係が成り立ったかもしれません。しかし、対等な立場の関係を作っていこうとする時に、恋人や夫として、乱暴、不真面目、大雑把な男性を選ぶ理由はないのです。

男女の違いを強調する時代を生きていた人たちからすると、今の男の子たちの姿は物足りなく映ります。ただ、若い男性のギャンブル、飲酒、タバコ離れなどは、堅実な男の子が増えているので当たり前のことです。嘆くような変化なのかどうか考えてみることをお勧めします。

やさしいという言葉の意味

もちろん、若者の変化を無批判に受け入れるだけでは思考停止です。味方をしているようで、本人たちのためにもなりません。やさしさという言葉の使われ方に注目して、現代の若者の問題点を探ってみましょう。

社会学者の森真一さんは、「きびしいやさしさ」と「やさしいきびしさ」を区別して、現代の若者の価値観に迫っています。「きびしいやさしさ」とは、今相手を傷つけないように全力を尽くすタイプのやさしさです。それに対して、「やさしいきびしさ」は、相手の将来を考えているからこそ、きびしくするタイプのやさしさということになります。

例えば、友人が貸してくれたマンガがすごくつまらなかったのに、「おもしろかったよ」といって返す。「きびしいやさしさ」を徹底すれば、相手の気分を害することは避けなければなりません。つまり、心の中でどのように思っていても、表面的に上手くいっていることが大切なのです。だから、中高年男性の自慢話を、若者は楽しそうに聞いてくれます。

このタイプのやさしさの問題は、本意ではなかったとしても、はじめに取った態度を継続しなければいけない点です。おもしろいという感想を聞いているのですから、貸した方は続きを持ってきてくれるでしょう。当然ですが、「喜んで」借りることになります。さらに、映画化されるから一緒に観に行こうと誘われれば断る理由がありません。

遅かれ早かれ我慢の限界がやってきます。いつかは「実はこのマンガ好きじゃないんだけど」と告白する時が来ます。いわれた方からすれば、「突然、何をいっているんだ」となりますし、「最初からいってくればいいのに」と思うはずです。

好きなものをおもしろくないといわれれば誰だって不愉快です。それでも、溜め込んでからいわれるよりはダメージが少なくなります。それに、相手からすれば「突然」態度が変わったように見えますから、信用を失うのは明らかです。「やさしい」世代の若者たちは、表面的な取り繕いから、悲劇が生まれる危険性を理解しておく必要があります。

ここで、だから「やさしいきびしさ」こそが求められているのだと結論づけるのは早合点です。「やさしいきびしさ」という名の元で、体罰やパワハラが正当化されてきました。どちらの「やさしさ」も使い方を誤れば危ないのは同じです。

重要なのは、若者が安心して試行錯誤できる環境を整えることです。「きびしいやさしさ」は若者たち自身だけではなく、ちょっとした対立や失敗を騒ぎ立てる大人たちが加担して作り出した側面があります。傷つくことを恐れるなとお説教をする前に、傷ついても人は立ち直れることを伝えてあげてください。それが大人の役割なのだと思います。

誤解された草食系男子

やさしい、真面目、細かいことに気がつける系男子とは、要するに草食系男子です。今では誤解が積み重なり、消極的な男子を揶揄《やゆ》する言葉として定着してしまった観があるので、ちょっと回りくどい表現をしていました。

本来、草食系男子は褒め言葉です。コラムニストの深澤真紀さんが命名しています。深澤さんが執筆した『平成男子図鑑─リスペクト男子としらふ男子』では、草食系男子だけではなく多様な男子の姿が描かれています。この本の狙いは、現代の若者を肯定的に描き、若い男性の行動や価値観の変化を年長世代に理解してもらうことでした。

そして草食系男子についての議論を深めたのが、哲学者の森岡正博さんです。森岡さんは『草食系男子の恋愛学』の中で、草食系男子だった自身の過去の経験に基づきながら、劣等感とのつき合い方を教えてくれています。単に世代間の相互理解というだけではなく、おとなしく物静かな男の子が自分を肯定するためにも、草食系男子という言葉は大切にする必要があるのです。

近年、若者を叩く言葉はいくらでもあるのに、褒める言葉が全く登場していない状況が続いています。若者を批判することでしか、大人たちが自尊心を保てなくなっているのです。深澤さんや森岡さんが男子たちの変化を丁寧に論じていたのに、草食系男子もそうした波に飲み込まれてしまいました。

いかにして草食系男子が否定されていったのかに関して、１つ例を挙げてみます。『ａｎ・ａｎ』（２０１０年11月10日号）では、「サヨナラ草食男子！」という特集が組まれています。なぜ女子は草食系男子とサヨナラしなければならないのか。その言い分に耳を傾けてみましょう。

争いが嫌いで、傷つくことは避ける。とにかく受け身な草食男子は心の内を見せない難敵。一緒にいるとラクだったはずの彼との関係は、まるで不可解なものになり、悶々とする女子がちまたには溢れています。

『ａｎ・ａｎ』（２０１０年11月10日号）

まず、草食系男子という言葉が使われ始めた当初には、女子といい関係を築ける可能性に期待が集まっていたことがうかがえます。好みには多様性があるのでもちろん全員とはいいませんが、乱暴、不真面目、大雑把系男子よりも、やさしい、真面目、細かいことに気がつける系男子と相性のいい女子は大勢いるはずです。

しかし、男子が受け身では困るとお怒りのようです。ここでもまた本書ではお馴染みの「男性はリードする側／女性はリードされる側」という図式がくり返されています。

実は、男女のこうした関係性は難しくなりつつあることが、同じ特集から見えてきます。「漢（おとこ）・吉川晃司に聞く。攻めてこない男に価値はない」というタイトルの記事には、次のようなリードがあります。「石橋は叩いて渡るな、むしろ川に飛び込んで泳げ」。こうしたことを本気でいえばいうほど、ギャグとしてのレベルが高まっていきます。

現代の日本では、草食系男子を否定するために、肉食系男子を持ち出しても冗談にしかならないのです。時代は変わりつつあります。無理に男は肉食というイメージにしがみつくよりも、新しい男子のあり方を考えていった方が男女ともに幸せになれる可能性は高そうです。

性から遠ざかる若者

草食系男子を叩くのに飽きたからでしょう。最近、恋愛や性に興味がない男子を否定的な意味で絶食系男子と呼ぶようになりました。男性論として的を射ていないので相手にする必要はないのですが、変な誤解が広がっても困るので少しこの言葉について考えてみます。

確かに、大学生の性交経験率は下がっています。日本性教育協会の調査では、男子大学生の経験率は、２００５年には60％程度でしたが、２０１１年になると50％ぐらいになりました。減少傾向は男子よりも女子で顕著に見られます。

男女ともに経験率は下がっており、あえていえば女子の方が「絶食化」しているということになります。女子は性に消極的であることが期待されているので、経験率が下がったことが問題として議論されないのです。逆にいえば、絶食系男子という言葉が使われる背景には、男性は性に積極的であるべきという「常識」があることがわかります。

そもそも、経験率が下がったといっても、90年代初め頃の水準に戻ったに過ぎません。１９８０年代前半には、男子大学生で30％ぐらいでしたし、女子大学生に至っては20％に満たなかったわけですから、その時代との比較であれば現代の若者は男女ともに「肉食化」していると表現することだってできるのです。

さらに付け加えると、右肩上がりで性交経験率が上がっていた時期には、若者の性が乱れていると批判されていました。上がれば叩き、下がっても叩き、結局は若者がどのように変化しても文句をいわなければ気がすまないようです。

性にかぎらず、世代が異なれば若者の行動が変わるのは当たり前のことです。自分たちの「常識」に照らし合わせて、若者を批判するのは簡単ですし、それで気分がすっきりとする側面があるのでしょう。

叩くのが当たり前になっているために麻痺しているのかもしれませんが、そうやって何をやっても批判した結果、「きびしいやさしさ」が生まれ、若者たちが様々な面で消極的になっているのです。

恋愛や性についていえば、楽しいことばかりだけではなく、トラブルの要素も多く含まれています。もめごとを恐れるようになれば、恋愛や性から離れるのが一番という結論に至るのは当然です。したがって、大人たちの若者に対する視線が今のままであれば、今後もさらに恋愛や性から遠ざかる若者が増える可能性があります。

ネオ・デジタルネイティブの誕生

全く流通していませんが、実は現代の若者を褒める言葉は存在しています。デジタルネイティブです。生まれた時からコンピューターやネットに親しんで育ってきたため、ネイティブスピーカーが母国語を自由に扱うように、デジタル・テクノロジーを使いこなすという意味です。社会心理学者の橋元良明さんは『メディアと日本人』の中で、日本では1976年前後生まれの76《ななろく》世代が第一世代にあたるとしています。

橋元さんはこの世代に続く、86《はちろく》世代、96《きゅうろく》世代の特徴について、ネット利用という観点から次のようにまとめています。

76世代以降の世代を「PCデジタルネイティブ」、86世代以降を「ケータイデジタルネイティブ」、96世代以降を「ネオ・デジタルネイティブ」と呼び分けることができる。「ネオ・デジタルネイティブ」とは、96年以降に生まれた若者を中心とし、主にモバイルでネットを駆使して、動画情報をも自由に操る先進的な若者である。

しっかりお読みいただけましたか。ゆとり世代は何をやらせても自分たちより下だと思い込んで、安心感を得ていた大人は少なくないと思います。ゆとり教育を受けた世代が新入社員として就職し始めた頃は、「ゆとリーマン」がやってくるなどとバカにする記事を見かけたこともありました。

しかし、ここに書かれているように、とりわけ、96年以降に生まれた「ネオ・デジタルネイティブ」は先進的な若者ですから、上の世代が四苦八苦しているデジタル・テクノロジーを容易に使いこなしています。

2005年にYouTubeが登場した際には、まだ96世代は9歳ですし、2008年にiPhone3Gが発売された当時は12歳です。76世代の私からすれば、いまだに「最新」の話題とも思える出来事に、小さい頃から親しんでいるのです。LINEの「ふるふる」で友だちの追加もできない中高年は、素直にネオ・デジタルネイティブの若者に教えをこうべきでしょう。自分から歩みよることで、価値観の違う世代でも仲良くできる可能性が生まれます。

ネットの極論は無視して大丈夫

バカをいっているんじゃない、若者はネットでろくでもないことばかり書いているじゃないか。このように反論したい方もいるでしょう。確かに、２chのまとめサイトなどの一部では、女性や外国人に対する差別的な発言をしばしば見かけます。読むに堪えない内容が多く、不愉快に感じるのは当然です。

最近では、テレビのニュースでも関心の高い話題へのネットでの反応やＹｏｕＴｕｂｅの動画を紹介しています。そのため、ネット上の過激な発言や行動が、ネオ・デジタルネイティブ世代だけではなく、年齢層が高い人たちの目に入るようになりました。

まず、ネットに積極的に書き込んだり、動画を投稿したりする若者はそれほど多くありません。加えて、書き込みや動画の内容はまともなものがほとんどです。荒れる成人式と同様に、目立ちやすい一部の情報で若者全体を語ってしまうのは間違っています。

次に、ネットの発言は極端になりやすいという傾向を頭に入れておく必要があります。前述の橋元さんは、匿名の場合、多くの書き込みの中で目立とうとする心理が大胆な発言を誘発していると指摘しています。さらに、集団の中で責任が分散されるという意識が働き、それも発言の過激化に拍車をかけます。

極端な発言で目立とうとする心理は明らかに、逸脱による「男らしさ」の証明につながっているものです。現代の日本社会で、差別は許されません。そうした常識を踏み越えて、「真実」を主張できるオレはすごいといったわけです。匿名の掲示版では、無責任に勇ましい言動を取れるので、実に手軽な方法が登場してしまいました。

これまで世代間の違いを論じてきましたが、表現の仕方は変わったにしても、残念なことに一部の男性に逸脱自慢が継承されてしまっているのです。差別される側だけではなく、男性自身のためにも人に迷惑をかけて発散する以外の方法を見つけていく必要があります。

暴走族にしても、過激な書き込みにしても、相手にされなければ虚しいだけです。ですから、極端なネット上の発言を、「ネット世論」と名づけてニュースが取り上げる価値は皆無であると断言できます。

「荒らしはスルー」が、ネットが普及した当初からのマナーです。ネット環境が当たり前になりすぎてしまったために、こうした知恵を忘れてしまいがちです。もし、身のまわりに知らない若者がいたら教えてあげてください。

若者が飲み会に参加しない理由

会社の飲み会に若い社員が集まらない。そのような悩みを頻繁に耳にするようになりました。ここまでの議論を踏まえれば、若者の価値観が変わり、飲み会という文化が廃れたからといえばそれでおしまいです。あまりにも味気ないのでもう少し、この話題について考えてみます。

くり返しになりますが、ギャンブル、飲酒、タバコといったかつての「男のたしなみ」に興味を持たない若い男性が増えています。飲み会は、このうち飲酒とタバコが含まれていますから、参加したくないのは当然です。

私もお酒が飲めず、タバコも吸わないので気持ちがよくわかります。さすがに、無理にお酒をすすめる人は減ってきたので、「アルコールがダメなんです」と伝えれば飲まずに済みますが、タバコの煙は避けられません。煙が充満している空間にしばらくいると体調が悪くなってしまいます。そのような場所で食事をしていても楽しくないのです。

また、会計がどんぶり勘定なのも、納得がいかないところです。デートの支払いでさえ食べた分だけ払うのが主流になっています。それなのに、アルコールを飲んだ人とソフトドリンクだけの人が同じ料金では、参加する気もなくなるでしょう。

さらに、飲み会を通じて社員の結束を固めるなどという目的があると、いよいよ逃げ出したくなってきます。暴走族が激減していることからもわかるように、自分を犠牲にしてまで集団のために尽くそうとする価値観は過去のものになりました。つき合いが悪くなったように見えますが、肯定的にとらえれば、自分なりに考えて行動できているともいえるのです。

仕事の時間が終わったら、それぞれやりたいことに時間を使いたいわけです。やりたいことの中に飲み会が入っているのなら、参加すればいいですし、違うのなら参加しなければいいでしょう。

もちろん、社員同士の交流が全くなくなってしまっては、仕事が円滑に進まなくなる側面があります。だからといって、飲酒やタバコを嫌う若い男性が増える中で、飲み会がかつての地位を取り戻すのは容易ではありません。だとすれば、新しい取り組みを始めてみる必要があります。

「みんな一緒」の不寛容さ

飲み会に代わる社員の交流の場としては、サークル活動をお薦めしたいと思います。趣味という共通点で会話が弾みますし、何か新しいことをやってみたい社員の希望を叶えられます。

同じ会社で働いていても、部署が違えばなかなか接点がありません。他部署の社員と話すことで、会社が全体としてどのような事業をしているのかを理解することにつながります。また、異動した部署にサークルの仲間がいれば、安心して仕事ができるはずです。

サークルの運営の仕方に気をつける必要があります。サークルへの参加を強制したり、厳しく出欠を取ったりするのは間違いです。定年退職者の地域活動を調査する中で学んだことですが、「柔軟な組織運営」と「ゆるやかなつながり」がサークル活動を成功させるための秘訣になります。

柔軟な組織運営とは、自由度を高めるために、活動日や定員など大まかなことだけを決めておいて、必要なことはその場で決めていくというスタイルです。活動のルールをきっちり設定していないので、その分、いろいろな人が参加しやすくなります。

調査をしていておもしろいなと思ったのは、1つのグループの中から、様々な活動が生まれていたことです。温泉旅行を企画したとしても、全員が参加するわけではありません。行きたければ行くし、不参加でも問題ないのです。また、将棋が好きな人たちだけで、将棋サークルを作ったりもしていました。

同じグループに所属しているからといって、常に行動を共にする必要があれば息が詰まってしまいます。こうしたゆるやかなつながりが、活動を続けていく上では重要になってくるのです。

基本的にはゆるいことが、サークル活動を楽しくするためには重要です。しかし、サークルに参加する頻度は自由であったとしても、1つだけ厳しく守らなければならないルールがあります。それは、活動を続けていくための役割を全員が分担することです。

どのような趣味のサークルを作るにしても、リーダーはいりますし、連絡係や会計係も必要です。こうした手間を嫌って、サークル活動から楽しみだけを得ようとするメンバーが出てくるとトラブルが発生しやすくなります。ですから、基本的には柔軟でゆるやかにやっていくとしても、この点だけは厳しくしておかなければなりません。

山はどうせ下りるのだから、登らなければよかったのか

ビジネスにつながらない趣味に時間を使っている暇はない。そもそも、趣味に何の意味があるのか。いかにも仕事中心的な発想から出てきそうな疑問です。メジャーな趣味の1つである登山を例にして趣味の価値について考えてみます。

山は登ったとしても、必ず下りてきます。苦労して登山をしてもどこかにたどり着けるわけではなく、スタート地点に戻ってくるのです。だったら、初めから登らなければよかったのでしょうか。同じことは、ドライブについてもいえます。目的地を定めず車を運転するのは時間とガソリンの無駄なようにも思えます。

自分が好きなことに没頭している時間のことを思い出してみてください。その時の充実感が趣味の最も重要な意味であって、必ずしも何かの目的を達成するためにやる

ものではないのです。

登山は登山という行為それ自体に楽しみや価値があるのです。サークルを作ることによって会社内の人間関係が円滑になるというのも副次的な効果であって、それのみを狙っては活動がつまらないものになってしまいます。

もちろん、長時間労働に悩む男性に対して趣味を持てというのは酷な話のようにも思えます。しかし、趣味の活動を始めることは、仕事に直接つながらない行動を無駄と考えてしまう余裕のなさについて考えてみるきっかけになるはずです。

また、趣味を通じて職場以外に人間関係を作ることもできます。会社関係の知り合いと一緒にいると、結局は仕事の話になってしまうことが少なくありません。異業種の人と交流することで、新しい発想や価値観に気づけるチャンスが増えます。

さらにいえば、仕事でうだつが上がらなかったとしても、趣味の世界では有名という人もいます。仕事だけで男の価値は決まりません。自分が活かせる場所は、会社の中の競争とは別の場所にあるかもしれないのです。

オタクは何も悪くない

趣味の話をしている際に、バスケットやフットサルといったスポーツはカッコいいとされますし、料理や茶道なども好印象を与えるでしょう。

しかし、アニメ、マンガあるいはゲームといった趣味に対しては、否定的な人が少なくありません。同じ男性であっても世代によって価値観は違いますが、最も評価が分かれるものの１つがオタク的とされる趣味です。第１章でも指摘したように、趣味には序列があります。

そもそも、オタクという言葉が使われ始めたのは、１９８０年代のことです。１９８８年から89年にかけての連続幼女誘拐殺人事件が、この言葉の否定的なイメージを決定づけました。

当時、新聞に掲載された犯罪学が専門家のコメントを紹介しておきましょう。オタクに対する偏見がよくわかります。

26歳の男性が、アニメなどの世界に浸り切っている異常さ、それを見逃していた家庭の精神的きずなの崩壊。アニメであれ、子どもを切り刻むような映像が流布している社会は、まともではない。とうとうここまで行き着いたかという感じもある。

（朝日新聞　1989年8月15日夕刊）

まず、大人の男がアニメやマンガが好きなのがおかしいと主張されています。これは現代であれば炎上必至です。そして、フィクションであっても残虐なシーンを流すべきではないとの指摘が続きます。

この事件以降、オタクは現実と作り物の区別ができないという批判は継続し、幼女が被害者になるたびに犯人はオタクだという主張がくり返されてきました。

冷静になって考えてもらいたいのですが、アニメやマンガが人の考えや行動にそれほど直接的で強烈な影響を与えることがありえるでしょうか。国民的アニメ『ドラえもん』のせいで、猫型ロボットの実在を信じた子どもがいるという話は聞いたことがないはずです。

アニメやマンガと並んでよく批判されるゲームも同じように考えられます。日本の歴史上、マリオカートをやりすぎて、前の車に亀を投げつけたという事件が発生したことはありません。

ゲームについては、リセットボタンがあるせいで、現代の子どもは現実でもすぐ諦めてしまうといった説を唱える大人がいます。これについては、昔から形勢が不利になると将棋盤をひっくり返したり、オセロをぐちゃぐちゃにしたりする子どもがいたわけで、もはや何をいっているのかわからないレベルです。

他人に迷惑をかけないかぎり、何を趣味にするかは自由です。人の趣味を見下して安心感を得るよりも、自分なりの趣味を見つけてみてはいかがですか。

なぜオタクは差別されるのか

最近では、様々な観光地がアニメやマンガとタイアップして、地域を盛り上げているようです。また、オタクの街として知られている秋葉原だけではなく、池袋にもオタクをターゲットにしたショップが次々と開店し、多くの人が集まっています。一昔前であれば、街中にこれだけアニメやマンガが溢れている状況は想像もできなかったことです。

オタク文化が日常の風景の中に溶け込んでいるのに、いまだにオタクは否定的なイメージを持たれているわけですから、彼らへの偏見は大変根強いものがあります。なぜ、人々はオタクを差別し続けるのでしょうか。この問題は、単なる趣味の序列ではなく、男性間の上下関係という視点から読み解くことができます。

オタクが差別されるのは、アニメやマンガが社会的に低く見られているからと考えがちです。あるいは、時間やお金を趣味に尋常じゃなく注ぎ込んでいるという理由も思い浮かびます。こうした要素は確かに無視できませんが、一番の原因は他にあります。最も重要なのは、誰がオタク的な趣味を持っているかです。

イケメンの芸能人がテレビでエヴァンゲリオンやガンダムについてハキハキと熱く語っていることがあります。彼らはオタクだと見下されはしません。むしろ、イケメンの意外な側面として好感度が上がるはずです。

それに対して、ガリガリ、あるいはデブでチェックのシャツを着たバンダナを巻いている男性が、エヴァンゲリオンやガンダムについてモジモジしながら話していたらどうでしょうか。オタク気持ち悪いとなってしまうのです。

要するに、外見や話し方を含めて暗い印象を与える男性は、積極性が「男らしい」と評価される社会では劣位に置かれてしまいます。そのため、趣味を聞くまでもなく、第一印象でオタクっぽいと評価されることがあるのです。

次に、もちろん、オタクっぽいアニメやマンガの社会的地位の低さが関係しています。どれだけディズニーやジブリのアニメを観賞していても、オタクだと批判されることはありません。しかし、美少女が描かれ、性的な場面がたくさん出てくるアニメやマンガの場合は、観ている作品数や時間にかかわらずオタク的とされます。つまり、オタクと認識されることには、何を趣味の対象としているのかが関係しているのです。

三番目に、時間やお金を無際限に使っていることがあげられます。ＡＫＢ48の総選挙の際に、ＣＤを信じられない枚数買っているオタクが必ずメディアに登場することからも理解できます。

つまり、オタクとは、誰が、何を、いかに消費するのかという順番で定義されているということになります。具体的には、消極的でモジモジしており、大人になっても美少女が登場するアニメやマンガにはまっていて、無計画に時間やお金を使うというオタクイメージです。

それに対して、「普通の男性」とは、積極的でハキハキ話し、大人になればアニメやマンガは卒業、もちろん現実の女性との恋愛を経て結婚をし、お金は家族のために計画的に使うようになるというイメージです。

オタクあつかいされたくないと思わせることで、多くの男性が「普通の男性」になるべく努力するようになります。換言すれば、「普通の男性」の価値を高めるための存在として、オタクは社会全体から粘着質に差別され続けているのです。

オタク的な生き方の一般化

見た目や趣味で優劣を決めるのはよくないにしても、自分の興味があることにしか関心を示さないオタクはやっぱりどこかおかしいと思う方がいるかもしれません。実際、80年代にオタクが叩かれ始めた当初は、趣味だけではなく、コミュニケーションの問題に焦点が当たっていました。

しかし、２０１０年代の今、若者の間でオタク的な生き方は一般化しています。若者全般が集団での行動よりも、個人の自由を優先するようになっているからです。したがって、「若者がわからなくなった」というのは間違っています。そういった認識に基づいて議論をしているから、若者に対して訳のわからないレッテルを貼り続けることになるのです。正確には、若者を1つの集団としてとらえようとすること自体が困難になっていると考えるべきだといえます。

個人を超えた一体感を大切にする人たちからすれば、若者の変化は悲しむべき事態に見えるかもしれません。『ＡＬＷＡＹＳ　三丁目の夕日』に描かれているような昭和の人と人のつながりを取り戻すべきだと主張したくもなるでしょう。

勘違いをしてはいけません。日本人が情に厚かったように見えるのには理由があります。非常に単純な話ですが、かつては助け合わなければ生きていけない社会であったために、人と人のつながりが濃密だっただけです。さらに、そうした関係は見方を代えればおせっかいですから、面倒臭いものでもありました。

現代は他人にある程度までは無関心でも生きていけます。かつてよりもはるかに自由に生きられるようになったのです。

もちろん、全ての人が勝手気ままに行動するようになれば、社会は回りませんから最低限のルールは必要です。例えば、山手線の運転手さんが、今日は池袋から品川までノンストップだ！　と全体の利益よりも個人の欲求を優先させては困りますよね。新宿や渋谷で降りたい人もいるわけです。

重要なのは個々人の自由を尊重しつつ、いかにして社会全体の利益も守っていくかです。この問題は様々な価値観の人が一緒に暮らしていくために、必ず考えなければならないテーマになります。快適さだけを享受してコストを支払わないのはダメです。社会へのタダ乗りは許されません。みんなで真剣に考える必要があります。

芸人がバイトをして何が悪い

ここまで趣味に着目して、若い世代の価値観の多様化について論じてきました。同じようなことが働き方にまで波及すれば、「普通の男性」のイメージは変化していくはずです。男性は学卒後すぐに就職し、家族を養うために定年まで働かなければならない。男性が自由に生きるためには、このルールの見直しが必須です。

以前、浅草に行った際に、テレビに出ているお笑い芸人さんが人力車の車夫をしているのを見かけました。おそらく芸人としての収入だけでは生活ができないので、アルバイトをしているのでしょう。

こうした姿に対して、「やっぱり芸人なんて食べていけないんだね」と嘲笑う人がいました。本当に残念なことだと思います。定期的に放送される一発屋芸人を集めた番組も同じ感覚で視聴されているわけです。

芸人という職業を選び、安定した生活ができない男性がいても、他人に迷惑がかかることはありません。彼らの自由が、私たちの自由を脅かしている要素はないのです。

それなのに芸人の自由な生き方を否定したくなるのは芸能界なんて無謀な世界に飛び込まず、「現実的」に考えて「普通」に働いている自分は「まとも」だと考えるためです。自分たちが「普通の人生」に心から納得しているのであれば、このような感情は生まれません。

正社員として就職できれば安泰という時代は終わりました。どうせ雇用は不安定化しているのですから、芸人にかぎらず、若い男性のみなさんはやりたい仕事があるのであればチャレンジしてみればいいと思います。

この意味で同情すべきは、既婚者の中高年男性です。急に仕事を辞めて好きなことを始めてしまうと、家のローン、子どもの教育費などが支払えなくなり、家族全員が路頭に迷ってしまいます。ですから、何があっても定年退職までは仕事を続けなければならないのです。

電車の座席で口を開けて寝ているおじさん、駅のホームで酔っ払って迷惑をかけているおじさん、若者からすれば哀れに見えるかもしれません。しかし、嫌なことがあっても、疲れていても中高年男性は仕事を投げ出すことができないのです。「あんな大人にはなりたくない」などと思うのは失礼になります。世代間の相互理解のためには、若者側からの歩み寄りも必要です。働くお父さんたちに感謝しましょう。

男が男に憧れて問題はないし、男が男を好きでもいい

いきなりですが、私は中学生の頃からトム・クルーズが大好きです。『ラストサムライ』が公開された際には写真集を購入しました。トム・クルーズの主演であれば、同じ映画をくり返し観賞することもあります。

これを公言するとネタとして扱われることが多く、純粋に同性として憧れていることをなかなか理解してもらえません。女性が女性タレントへの憧れを口にするのは珍しいことではないのですが、なぜ同じことを男性がしてはいけないのでしょうか。問題は同性愛を連想させることにあります。とりわけ世代にかかわらず男性の場合、男性同士のカップルに対する嫌悪が強い傾向が見られます。

この議論はオタクと同様に、男性間の上下関係という視点から見るとよく理解できます。学歴が高かろうが、スポーツができようが、「ホモ」ならば自分よりは劣った存在だというのが同性愛の男性を差別する側の考えでしょう。女性が好きな自分は

「普通」である分だけマシと思い込みたいのです。

経済的な側面で「普通の男性」であることが難しくなっている現代では、何かを差別して自分を「普通の男性」だと思い込みたい人が増える危険性があります。若い男性に対しては具体的な就労支援だけではなく、見栄からいかに抜け出すかについて理解してもらう機会を作っていかなければなりません。

２０１５年2月に渋谷区は同性のカップルに結婚に相当する関係を認める証明書を発行すると発表しました。朝日新聞の報道によれば、「区民と区内の事業者に、証明書を持つ同性カップルを夫婦と同等に扱うよう求め、条例に反した事業者名は公表する」となっています。違反した場合にしっかりとペナルティーがありますから、実効性の高い取り組みになるはずです。

同性カップルが結婚式を挙げられる式場やホテルも増加しており、セクシュアルマイノリティーの方々の権利に関する話題が日本でもようやく堂々と語られるようになってきました。

ただし、寛容そうに見えながら、セクシュアルマイノリティーは「かわいそう」だから助けてあげようと考えてしまっている人がいます。それがまさに偏見であり、差別です。好きになる対象が同性であったとしても、私たちが特別視しないことが求められています。

男性は女性が好きで、女性は男性が好きという「常識」に基づいて行動していると、学校でも会社でも人を傷つけてしまうかもしれません。まだまだ一般的には馴染みがない話題ですが、ぜひ関心を持って考えてみてください。

話せばわかる

今後の日本社会では、仕事、趣味、あるいは、恋愛対象だけではなく、生活のあらゆる場面で価値観の違いを実感することが多くなります。よく耳にはしますが、実際に多様性を認めるとはどのようなことなのか少しわかりにくいのも確かです。

最も重要なのは、誰に対しても敬意を持って接することです。人を意味なく敵視したり、見下したりするのは論外になります。仕事中心という点だけではなく、競争に駆られ、見栄を張る「男らしい」生き方が時代遅れなのです。

だからといって、世の中の全ての人を全人格的に愛することなどできません。むやみに深入りするのではなく、人との適切な距離の取り方を身につけることが必要です。

その際にちょっとした会話をする能力が役に立ちます。

一般的な傾向として、「協調」するように育てられてきた女性よりも、男性の方が雑談は苦手に見えます。オチを求めたり、自分で結論を出したりしてしまうからです。雑談は趣味と同じように、会話をすること自体に価値があります。

初対面の人たちが打ち解けるのにも雑談は有効なので、最近では、私が担当する男性を対象とした市民講座でも雑談の時間を取り入れています。その際のルールは、「人の話に割り込まない」と「人の話を否定しない」の2つです。これを決めておかないと、互いに経歴などを競い合って、論戦が始まってしまうかもしれません。

大人の男がおしゃべりなんてするのかと心配される方もいるでしょう。しかし、自分の思っていることを話し、それをしっかり聞いてもらえることがわかるとみなさん楽しそうに会話をしています。男性も構えないで会話をできる機会を求めていたんだなと実感しました。

話してみた後は、気があいそうであれば仲良くなればいいですし、あわなそうだと思ったとしても雑談ぐらい交わすのは問題ないでしょう。

壁を作らず、誰とでもちょっとした会話ぐらいは交わせるようになると、自分の勝手なイメージで人を評価しなくなります。嫌な上司と思っていたのに、話してみたら意外といい人だったということはよくあるはずです。もちろん、逆の場合もあります。いずれにしても、実際に話すことで思い込みから解放されるのです。

最近の若者は頭が悪い。オタクはキモい。同性愛者は「普通」ではない。こうした先入観を持っていると、自分で物事を考えないで済むのでとても楽です。ただ、勝手なイメージで一括りにされる側からすれば大変な迷惑を被ることになります。また、自分自身にとっても考えないことが習慣化してしまうわけですから、実はデメリットの方が大きいはずです。

こうした議論を生真面目に受けとめすぎて、若者もオタクも同性愛者もみんな素晴らしく心の綺麗な人たちだといったような訳のわからないことを言い出す人がいます。それも単なる偏見です。こういった偏見に基づいて制作されたテレビ番組がありますが、まさに偽善だなと思います。

どのようなカテゴリーにまとめられていても、気のあうやつもいればあわないやつもいる。いい人もいれば、悪い人もいる。ただそれだけです。先入観を持たずに実際に接してみてから人を判断するようにしましょう。

第5章

これからの時代をどう生きるか

立ち止まる勇気が必要だ

私が初めに男性のみなさんにお伝えしたことを覚えているでしょうか。

「まずは落ち着いてください」

これこそ現代の日本を生きる男性たちが、まず実行してみるべきことです。特別な技術はいりませんし、時間が必要なわけでもありません。

先行きが不透明な時代を生き抜こうとすれば、焦りやいらだちを感じるのは当然です。とりわけ、今後、男性の生き方がどのように変化していくのかは予想が困難だと思います。だからこそ、ただやみくもに前に進むのではなく、ちょっと立ち止まって欲しいのです。

定年退職者の方にインタビューをした際に、とても印象に残った言葉があります。現役時代を振り返ってどう思うか感想を尋ねたところ、「残念」という答えが返ってきました。

結局はサラリーマンという「普通」の生き方しかできず、自分にはその程度の能力しかなかったのが「残念」だと説明してくれました。

「男らしさ」の証明の仕方には達成と逸脱の２つのやり方がありますが、大人の男性の逸脱自慢は虚しいものです。だからといって、全ての男性が輝かしい業績を達成できるわけではありません。「男らしさ」へのこだわりが、年齢にかかわらず男性の「生きづらさ」につながってしまうのです。

よく話を聞いてみると、「残念」と思ってしまう原因が他にもありました。そして、男性学を専門としている私としては、こちらの方に強い関心を持ちました。

「仕事については、ある時点までは我慢でしたね。要するにそれで麻痺して慣れてくるんですね。そういう適応能力ってあるじゃないですか、人間って。だからそういうことで仕事のつらさを乗り越えてきたのかもしれませんね」（男性）

なぜ働かなければならないのか。会社勤めを始めた頃には誰もが思うことです。しかし、遅かれ早かれこの疑問は封じ込められます。いくら考えたところで、男性は定年退職までの40年間は働き続けるしかないからです。麻痺して慣れたとは、要するに、考えるのを止めたということでしょう。

働くことに対して思考を停止してしまえば、一時的に苦しみからは逃れられます。

しかし、その分、漠然と月日は流れていくことになるのです。

「とにかく食べていかないといけないから働くじゃないですか。そのままいくじゃないですか。戻せないじゃないですか」（男性）

立ち止まって落ち着いてみたところで、仕事を放り出せるわけではありません。しかし、定年退職した方が「戻せない」といっている時間の最中にあなたがまだいるのだとすれば、現役生活を「残念」なものにしない努力はできます。自分が本当にしたいことは何か。今の仕事を続けていくことに、どのような意味があるのか。ぜひ自分の頭で考えてみてください。

人との比較を止める

男性にとって、立ち止まるのはとても怖いことです。幼い頃から競争に晒されてきたので、他の男性に後れを取りたくないと思ってしまうのでしょう。育児休業の取得や時短勤務が広がらない背景にも、出世レースで負けたくないという男性の意識があります。

女性だけが集まった平日昼間の市民講座で、息子が消極的なのだけれど大丈夫かと相談されたことがありました。本当に心配をされていて、目には涙を浮かべられていたのを覚えています。

男の子が弱気だったり、競争が苦手だったりすると親は心配になってしまうものです。その場では、性別に関係なく自分のペースで進んでいけば大丈夫とお答えしました。これは子どもだけではなく、大人の男性にも当てはまることです。

競争があってこそ人は自分の能力を高められる。確かに、競い合うことで力を発揮できる男性がいます。しかし、これほど単純な原理が、全ての男性に当てはまるはずはありません。

逆に、プレッシャーを感じた結果、普段よりも力が出せなくなる男性もいます。こうしたタイプの男性は、自分のペースを守ることで能力が発揮できるわけですから、無理に人と競う必要はないのです。

競争が苦手な男性に対して、向上心が足りないという人がいます。それは大きな間違いです。性別に関係なく、能力を伸ばしていくための方法は、人それぞれであることを理解してください。

個性を無視して、男だからと競争を強いるのはハラスメントです。何より、競争で潰れてしまった男性がいても、その結果は本人の責任にされてしまい、無理をさせた方はとがめられません。あまりに身勝手ではないでしょうか。

競争を乗り越えることで成長するやり方を否定はしませんが、コツコツと積み重ねていくスタイルが得意な男性の存在を認めて欲しいと思います。コツコツ型の男性は、必死な姿を見せて他人を安心させなければなどと思わなくて大丈夫です。「男らしさ」に煽られて、自分のペースを見失わないでください。

競争には明らかにマイナスの側面があります。常に勝者と敗者が生まれることで、他人との比較でしか自分の評価を決められなくなってしまうことです。第1章でも指摘した通り、常に勝たなければならないと思い込むことで、男性の見栄っ張りが助長されます。

あらためて強調しておきますが、プライドと見栄は違います。プライドは自分の成果に対して自分自身が評価することで育まれます。重要なのは自分が納得できるかどうかです。他人との比較から抜け出すには、正しくプライドを持つことが大切ということになります。

プライドを基準にすれば、評価の仕方が変わってきます。他人と比較して劣っていることを気にするのではなく、自分の能力を十分に発揮できなかった時に悔しいと思えばいいのです。肩の力を抜いて、マイペースで自分の最大の力を出せるようにしていきましょう。

自分の中の多様性を認める

これまで男性の意識や行動の傾向についていろいろと述べてきましたが、女性だけれど当てはまると思った人もいるはずです。逆に、男性でも全く共感できないという人もいるでしょう。

結局、同じ男性であっても様々なタイプがいます。男性というだけで一括りにしてしまうのは無理です。冷静に考えてみれば当たり前のことなのですが、どうしても私たちは個性よりも性別で人を判断してしまいがちです。

同じことは、自分自身についてもいえます。様々な個性があるはずなのに、男性だからという理由で、自分の生き方を決めつけていないでしょうか。これまで女性的とされてきた看護や保育の現場で働く男性も増えています。男性が一般職希望でも大丈夫です。趣味がお菓子作りでも、スイーツ食べ歩きでもかまいません。好きなことをやってください。

そうはいっても、仕事でも趣味でも、自分のやりたいことがわからなくて困っているかもしれません。わからないのであれば、考え続けるだけです。悩むことは少しも悪いことではありませんから、自分で考えて自分なりの答えを見つけていけばいいでしょう。

もちろん途中で気が変わっても平気です。何十年にも渡って同じ意識と行動を一貫して続けなければならないとしたら、人生はとても息苦しいものになってしまいます。その意味で、高校デビューや大学デビューという言葉は実にくだらないものです。中学校や高校で暗かった人が、進学をきっかけに明るくなったとして、何が悪いのでしょうか。新しい環境で、新しい人間関係を作り、人は新しい自分になっていきます。

多様性を認めるということは、単にいろいろな人の価値観を受け入れるということではありません。自分の中にも多様性は存在しています。それを無理に男性という1つの形に押し込める必要はないのです。

何が変わっていないのか

近年、男性の家事・育児参加についての議論が盛んです。同時に、男性の長時間労働の見直しがなかなか進んでいない点は気になりますが、フルタイムで働く女性の増加に対応するためには、男性が家事・育児に対して責任を持たなければなりません。

仕事でも家庭でも、男性に期待される役割が変化していくわけですが、男女の関係性という観点から見ると心配になることがあります。「男性はリードする側／女性はリードされる側」というルールが一向に変わる気配がないのです。第2章でも触れましたが、２０１４年に大学生を対象にして実施した調査の結果を元に、この論点について考えてみましょう。

まず、デートに誘うという行動については、男性の69％は自分から誘うべきだと考えていますが、女性では半数が男性からしなくてもいいと回答しています。１９７５年生まれの私からすると、女性からデートに誘われるというのは想像しにくいのですが、それぐらいの積極性は女性が身につけたのだと思います。

その一方で、告白については、男性の65％、女性の73％が男性からするべきだと答えています。さらに、これがプロポーズになると、男女問わず90％近くが、男性がするものだと考えているのです。要するに、現代の若者の間でも、告白やプロポーズのように重要な決断は、男性の責任とされているわけです。

ちなみに、余談ですが、男性は女性の誕生日にサプライズを用意するべきかどうかを尋ねてみたところ、回答には大きな男女差がありました。男性はサプライズを用意しようと考えている割合が高いのですが、女性のほとんどは止めて欲しいと思っているのです。

ドラマなどでは、女性がサプライズパーティーで歓喜する姿を見かけますが、所詮はフィクションです。喜ばせようと思って企画しても、かえって迷惑をかけてしまうようなので、女性へのサプライズは控えましょう。

話を戻します。「男性はリードする側／女性はリードされる側」というルールが仕事の場面に適応されれば、女性の管理職が増えたとしても、サポート的な役割を期待されることになります。そして、トップは男性というイメージが変わることもありません。

女性よりも男性の方が仕事上の責任が重いとなれば、女性はフルタイムで働いていても家事・育児の役割を期待されることになります。共働きなのに、子どもが熱を出した時に女性が迎えにいかなければならないのはそのためです。

結局、男女間に「リードする／リードされる」という関係が残り続けるかぎり、私たちの生き方は性別によって大きな影響を受けてしまいます。この問題にまで切り込めるかどうかが、今後の男女をめぐる議論では重要なポイントです。

花を買ったぐらいで許してもらえると思うな

男性も女性も参加している市民講座で、夫から妻に対する愛情は下がらないが、妻から夫に対する愛情は下がるという話を紹介しました。当然のように、質問の時間には、どうすれば妻といい関係を築けるのかという質問が男性側から出てきます。

特にいいアイディアが思い浮かばなかったので、「今日は花を買って帰りましょう」と「無難」な返事をしました。ところが、その瞬間に、「花を買ったぐらいで許してもらえると思っているんじゃないわよ！」という女性の怒声が響き渡ったのです。とても怖かったのを覚えています。

しかし、冷静になって振り返れば、お怒りは当然だと思います。花を貰えば女性は喜ぶという短絡的な発想で質問に答えた私の責任です。真剣に考えていないことは、簡単に見抜かれます。市民講座の講師と参加者はその場かぎりの関係ですから、大きな問題には発展しません。しかし、共に暮らしていく夫がそうした態度であれば、愛想が尽きるのも時間の問題です。

「花を買ったぐらいで許してもらえると思うな」という言葉。ぜひ、良好な夫婦関係を築くための合言葉として、頭に刻み込んでおいてください。

真面目な話に戻しますと、現代の日本ではすでに家族の形は様々ですが、それに社会が追いついていない状態が続いています。残念ながら、家事・育児それに介護といった問題については、個々の家族の努力で対応していかざるをえない側面があります。

重要なのは、夫婦のあり方をどのようなものにしていくのかを話し合う機会を定期的に作ることです。面倒くさいと思う男性は少なくないでしょう。その怠惰さが、花でも買って帰ればいいという短絡的な発想につながるのです。大怪我をしますよ。気をつけてください。

夫婦とは一緒に暮らすことで自動的に完成するものではないのです。しかも、日々、変化していくものでもあります。放っておいて良くなるわけがありません。意識して良好な関係作りに励んでいきましょう。

根強い独身者への偏見

これからの時代の話をしているのに、カップルを前提とした議論になってしまいました。違和感を抱いた方もいると思います。私も同じ気持ちです。ですから、ここでもう一度、シングルという生き方を考えてみます。

知り合いがいない土地に住んでいても、子どもを通して地域に顔見知りが増えていきます。それを煩わしいと感じる人もいるとは思いますが、独身のままだと望んでもなかなか得られないのが地域での居場所です。

定年退職者が地域で仲間を作るための市民講座はいくらでもあります。最近では、お父さんを対象にした講座も増えていますから、パパ友を作ることもできます。

しかし、シングルの人を対象にした地域デビュー講座が開催されたという話を、少なくとも私は聞いたことがありません。婚活講座などではなく、シングルで地元に居場所を求めている人が、気軽に地域活動に参加できる仕組みが必要なのではないでしょうか。

例えば、一般的に、少年野球のコーチはチームに所属する子どもの父親が担っています。しかし、野球の技術と知識があれば、独身の男性だってコーチをすることはできます。

また、時間に余裕がある場合は、地域の子育てサポートを手伝ってもいいと思います。最近、いろいろな地域で広がっていますが、子育てサポートとは、子育て世帯の負担を軽くするために、一時的に自宅で子どもを預かる制度です。

少し考えてみただけでも、シングルの人が地域に貢献できる手段はいくらでもあります。問題になるのは、本人たちのやる気ではなく、受け入れる側の意識でしょう。独身者には任せられないと言い出す人が間違いなくいるはずです。

本人が楽しくやっているのであればシングルでも何も問題はないのですが、残念ながら、結婚していない人はどこかおかしいに違いないという偏見はいまだに根強く残っています。中高年になっても独身のままでいると、後ろめたさを感じてしまうのは気のせいではないのです。

それでも、シングルが心地よければ、続けていても大丈夫です。誰に迷惑をかけているわけでもありません。途中で気が変わって、その時に相手がいれば結婚するのもいいでしょう。勝手な独身者へのイメージに縛られて、不自由な思いをする必要はないのです。

仕事と見栄を切り離す

仕事一辺倒の生き方から自由になるためには、まず、男性自身が落ち着き、見栄っ張りを止めることが必要です。それができない男性があまりにも多いために、ここまで仕事、結婚、そして価値観と視点を移しながら説得を試みてきました。ですから、男性の意識改革が必要だという主張の価値はよく理解できます。

しかし、男性が仕事を優先してしまうのは、彼らの意識だけの問題ではないのです。社会全体が男性に対してこれまで通りの見方を続けるのであれば、男性は仕事中心に生活するしかありません。

大人の男性の評価は、基本的に仕事上の業績や地位で決まります。フルタイムで働いた上で、家事・育児を分担するから人々は安心してイクメンを持ち上げているわけです。

単純に家事・育児にかける時間の長さによって男性が評価されるようになったのであれば、主夫こそが現代における理想的な男性像になるでしょう。しかし、そのような話を聞いたことはありません。

有名な会社で働いていたり、社会的地位の高い職業に就いていたりする男性は、何となく偉いような気がしてしまいます。ただ、彼らの人格がどのようなものなのかはわかりません。それに、地域や家庭では何の役割も果たしていない可能性もあります。もちろん、決めつけは禁物です。全てを完璧にこなしているようなスーパーマンもいるでしょう。ただ、仕事だけをしていればいいと勘違いしてしまうような土壌を、私たちが作り出してしまっていないかは確認してみなければなりません。

この論点については、もう1つ付け加えておきます。競争の結果には、運や偶然で決まる部分が必ずあります。努力でそういった要素を減らすことはできても、ゼロにするのは不可能です。

現在、社会的に高い地位にいるとして、過去に戻り、再び競争の中に投げ込まれても、また勝ち抜くことができるでしょうか。このことを踏まえた上で、競争の結果として生まれる格差が、誰もが納得できる範囲に収まっているかどうかについて考えてみて欲しいと思います。

働き方の根本的な見直し

日本社会の仕組みは、男性がフルタイムで働くことを前提に成立しています。ですから、長時間労働や家事・育児参加といった問題を解決するには、働き方の見直しが明らかに必要であったとしても、どこから手をつけていいのかが難しくなります。やり方によっては、今より悪い状況を招く危険性があるのです。

若者が安心して結婚し、子育てをできるようにするためには、安定した雇用が求められます。その際に、給料の高い中高年男性をリストラして、若者の採用枠を増やすといったアイディアがあります。

具体的には、年収６００万円の男性を一人首にして、年収３００万円で二人の若者を雇うというわけです。若者の方が長年に渡って働いてくれますし、語学やパソコンのスキルの高い人も多いので、企業にとってはメリットがありそうです。しかし、これを実行すれば混乱は必至です。

基本的に中高年男性の収入で、家族の生活費、教育費、家のローンは支払われています。彼らが職を失うことは、家族全員が路頭に迷うことにつながってしまうのです。家庭が一人の収入だけに頼ってしまうことのリスクがよくわかります。

だからといって、中高年男性の雇用を守り続ければ、若者が割を食うことになります。雇用が不安定で低収入の場合は、実家で暮らし続けるのが一番いい方法です。しかし、いつかは親のお金を頼れなくなる時が訪れます。

低収入でも夫婦二人で働けば暮らしていけるという議論もあります。250万円ずつ稼げば、世帯全体では500万円になります。年収500万円のサラリーマンと専業主婦の世帯と同じ収入です。

この場合、雇用の安定性の確保という課題がクリアできれば、問題がないようにも思えます。しかし、現状では、女性が出産を経ても元の仕事に戻れる仕組みが整っていません。待機児童も多い中で、夫婦ともに働き続けられるのかは疑問です。

そして、こうした議論でもやはり無視されがちなのが独身者です。二人で働けばといわれても、一人で暮らしているのですからどうすればいいのでしょうか。同じことは、ひとり親世帯についてもいえることです。

これだけの難問を一挙に解決してくれる策などあるはずがありません。男性の働き方の見直しは、「この3つのポイントを守れば大丈夫!」といったノリの議論が流行らないことを祈るばかりです。

確かなのは、男性は仕事だけをしていればいいという環境を作りあげ、それを中心に社会を成り立たせてきたことのツケが回ってきているということです。この問題意識を共有し、真剣な議論をしていく必要があります。

正論で世界は救えない

仕事でも家庭でも、人生に悩みはつきものです。ただ、男性はつらい時にも弱音は吐かず、問題があっても直視しないようにして、定年退職まで働き続けるのが当たり前とされてきました。ようやく「生きづらさ」というキーワードを与えられたことで、男性の抱える問題が表立って議論されるようになっています。

こうした流れに対して、「男らしさ」にこだわる中高年男性を中心に、情けないだとかくだらないといったリアクションが出てくると思います。本書のスタンスは、「男らしさ」に囚われている男性をネタにしている感じがあるので、火に油を注ぐことになるかもしれません。

ただ、ぜひ理解して欲しいのですが、「男らしさ」にこだわる男性を、バカにしているつもりはありません。むしろ、中高年男性を時代遅れだと叩いて自尊心を満足させる人が多くなっている状況を懸念しているぐらいです。ではなぜ茶化したのかといえば、その方がおもしろいからです。

ギチギチに理論武装し、お互いの「正論」をぶつけあったところで、どちらも譲れません。徒労に終わるだけです。社会を変えることもできないでしょう。一方で、冗談には隙を生み出す力があり、そこには譲りあいの余地が生まれます。ですから、「真面目にふざけること」を目標に、ここまでの議論を進めてきました。

男性が完全に「男らしさ」から解き放たれるのは困難です。簡単にツルっとむけるように「男らしさ」が脱げるのであれば、誰も「生きづらさ」など感じないですみます。

あまり深刻に考えすぎず、「普通の男性」というイメージと上手に距離をとれるようになってください。この本にはそのためのヒントをちりばめてあるつもりです。

男性が抱えている問題はどう考えてみても山積みです。一時的な関心ではなく、「男性問題」についての議論が継続し、性別にこだわらない自由な生き方ができる社会が実現することを願うばかりです。

おわりに

　2012年に、中央自動車道の笹子トンネルで天井板が崩落し、9人が死亡する事故が発生しました。崩落したのは、単に経年によって劣化が進んだからではありません。開発が次々と進む高度経済成長期には、工期を短くしなければならず、トンネルの天井部分に空洞が残ったままになっているケースが少なくないそうです。笹子トンネルの事故は、このような原因によって起こってしまいました。

　トンネル崩落のニュースを耳にした際、私は男性の生き方の問題と重ねずにはいられませんでした。高度経済成長期に、「普通の男性」はフルタイムで働き、妻子を養うのが当たり前というイメージが確立していきます。

　終身雇用や年功序列の賃金制度という後ろ盾があったからこそ、「普通の男性」が一家の大黒柱となり、家計を支えることができました。逆にいえば、経済成長がストップすれば、即座に通用しなくなってしまうような脆《もろ》さを「普通の男性」のイメージは抱えていたことになります。

　高度経済成長期に建設されたトンネルは、事故をきっかけに点検が行われました。

しかし、「普通の男性」については、とりたててチェックが行われることもなく、何も問題はないとして現在まで引き継がれてきました。物理的な実体のあるトンネルとは異なり、イメージは目に見えて崩れるわけではありません。だから、いつまでもすでに時代遅れになった男性像が残ってしまうのです。

このような理屈を頭ではわかっていても、実際に仕事中心以外の生き方を見つけるのはとても難しいことです。心理的な障壁について、一人の中年男性として意見を述べれば、そこには競争を降りることに対する恐怖が伴っていると思います。

重要なのは、自分の感じている怖さを言葉にしてみることです。現状では、仕事上の経験や業績以外に男性を評価する軸が存在していません。したがって、単なる個人的な思い込みではなく、同様の感情を持っている男性は大勢います。

もし、本書をきっかけとして、自分の思いを素直に表現できるようになった男性がいるとすれば、これ以上の喜びはありません。「男性問題」を解決するためには、当事者が問題を直視し、自ら向き合っていかなければならないからです。

また、「男性問題」を理解しようとする女性が関心を持ってくれたならば、望外の喜びです。お互いを理解し、よりよい関係を築いていくために、本書で得た知識をぜひお役立てください。

最後に、私の好きな社会学者であるP・L・バーガーの言葉を、『社会学への招待』から引用しておきます。

人形たちと違って、われわれには自分たちの動作をやめて自分たちを動かしてきたからくりを見上げ認識するという可能性が残されているのである。この行為にこそ自由への第一歩があるのだ。

そこに自由への可能性があることを信じて、今後も研鑽《けんさん》を積んでいきたいと思います。最後までお読みいただき、ありがとうございました。

〔著者紹介〕
田中　俊之（たなか　としゆき）
武蔵大学社会学部助教。
1975年生まれ。武蔵大学人文学部社会学科卒業、同大学大学院博士課程単位取得退学。博士（社会学）。学習院大学「身体表彰文化学」プロジェクトPD研究員、武蔵大学・学習院大学・東京女子大学等非常勤講師を経て、2013年より武蔵大学社会学部助教。社会学・男性学・キャリア教育論を主な研究分野とする。
2014年度武蔵大学学生授業アンケートによる授業評価ナンバー1教員。男性学の視点から男性の生き方の見直しをすすめ、多様な生き方を可能にする社会を提言する論客としてメディアでも活躍。
単著に『男性学の新展開』（青弓社）、共著に『大学生と語る性』（晃洋書房）、『ソシオロジカル・スタディーズ』（世界思想社）、『揺らぐ性／変わる医療』（明石書店）など。本書が初の一般向け書籍となる。

男がつらいよ　（検印省略）

2015年5月15日　第1刷発行

著　者　田中　俊之（たなか　としゆき）
発行者　川金　正法

発行所　株式会社KADOKAWA
〒102-8177　東京都千代田区富士見2-13-3
03-5216-8506（営業）
http://www.kadokawa.co.jp
編　集　中経出版
〒102-0071　東京都千代田区富士見1-8-19
03-3262-2124（編集）
http://www.chukei.co.jp

落丁・乱丁本はご面倒でも、下記KADOKAWA読者係にお送りください。

送料は小社負担でお取り替えいたします。

古書店で購入したものについては、お取り替えできません。

電話049-259-1100（9：00～17：00／土日、祝日、年末年始を除く）

〒354-0041　埼玉県入間郡三芳町藤久保550-1

DTP／フォレスト　印刷／新日本印刷　製本／三森製本所

ISBN978-4-04-601119-0　C2036